제발 성경을 이렇게 읽어라

제발 성경을 이렇게 읽어라

박 혁 식 지음

도서출판 영문

서문

어릴 때부터 책 읽기를 좋아했다. 그래서 그런지 예수님을 믿은 뒤에는 성경을 즐겨 읽었다. 성경을 읽다가 성경이 꿀보다 더 달다는 것을 여러 번 경험했다.

신병 훈련소에서는 점오가 끝난 뒤에 화장실에서 성경을 읽었다. 희미한 등불 밑에서 내의 차림으로 읽었다. 얼마나 재미있었던지 피곤한 줄도 몰랐다. 고약한 냄새도, 영하의 혹한도, 전혀 문제가 되지 않았다. 그 때 그 즐거움은 표현하기 심히 어렵다.

신학대학원을 다닐 때는 아침을 금식하면서 성경을 읽었다. 매일 35장 이상씩 읽었다. 이 때 예수님을 위해 죽고 싶은 마음이 생겼고 선교사로 헌신했다. 이런 생활은 시골에서 목회를 하면서 한 동안 계속 되었다.

한 번은 성경을 읽다가 문득 구약의 내용과 신약의 내용이 너무 다르다는 생각이 들었다. 구약과 신약의 의미가 서로 연결이 되지 않았다. 그 때부터 성경 66권의 중심 주제가 무엇인지에 대해 관심을 가지기 시작했다. 그러다 보니 자연스럽게 계시의 역사를 중심으로 성경을 이해하는 성경 신학에 관심을 가지게 되었다.

삼위 하나님 중심으로 성경 읽기는 삼위일체 하나님 중심으로 설교하기를 공부하면서 부터다. 설교학 강사로 오신 교수님께서 설교 문장의 주어를 삼위 하나님으로 하라고 했다. 이 때 이후로 삼위 하나님 중심으로 설교하기에 대해서 관심을 가졌다. 삼위 하나님을 중심으로 설교하려고 연구하다가 자연스럽게 삼위 하나님 중심으로 성경 읽기를 하게 되었다. 삼위 하나님 중심으로 성경을 읽으면 자동적으로 설교를 그렇게 할 수 있기 때문이다.

시중에 성경읽기에 관한 책들이 많다. 이런 책들은 모두 각 권의 개괄적인 내용들을 설명하는 책들이다. 많지는 않지만 구속사 중심으로 읽도록 하는 책도 있다. 하나님께서 예수님을 보내셔서 죄인을 구속하시는 내용이다. 이렇게 읽는 방법도 아주 좋은 방법이다. 그런데 이 방법은 많은 사람들이 지적했듯이 본문을 이해함에 있어 너무 천편일률적이다. 지나치게 예수님 중심이다. 결론이 뻔하다.

삼위 하나님 중심으로 읽는 방법은 이 보다 더 포괄적이다. 더 광범위하다. 무리하게 예수님 중심으로만 읽지 않는다. 다양한 방법으로 읽는다. 그것은 삼위 하나님께서 너무 신비로우시고 하시는 일이 다양하고 많기 때문이다.

이 방법 역시 완전한 것은 아니다. 부족한 점이 많다. 특히 아쉬운 점은 성령님에 대한 부분이다. 성령님에 대한 이해와 체험이 많지 않아 이 부분에 대한 내용이 많지 않다. 더 읽고 연구하여 기회가 되면 더 좋은 책을 쓰고 싶은 소망이 있다.

이 책을 낼 수 있었던 것은 오직 주님의 은혜다. 지난 10여 년 동안 변함없이 기도와 물질로 후원해 주신 여러 후원자님들의 덕분이다. 이 책 역시 후원자님들에게 드린다.

2018. 10. 1.

박 혁식

Contents

삼위 하나님 중심으로 성경읽기

성경을 읽기 전에 먼저 확인해야 할 것이 있다. 그것은 성경이 과연 진실하느냐? 는 것이다. 성경 역시 사람들이 기록한 책인데 조금도 오류가 없느냐? 는 것이다. 이런 유의 질문은 성경이 기록된 이후로 끊임없이 있었다. 그럼 먼저 성경이 정말 진실한 책인지를 보자.

성경이 진실하다는 증거

첫째, 성경은 역사적인 사실들을 기록하고 있다. 지어낸 이야기나 신화나 소설이 아니다. 이스라엘의 역사를 기록하고 있다. 앗수르, 바벨론, 헬라, 로마 등에서 일어났던 사실을 기록하고 있다. 허구가 아니라 역사의 현장에 있었던 일들을 기록하고 있다.

이런 사실들은 일반 역사와도 내용이 일치한다.

둘째, 성경의 예언들이 모두 이루어지고 있다. 성경은 많은 부분이 예언으로 되어있다. 그런데 그 예언된 내용들이 역사 속에서 낱낱이 이루어지고 있다.

성경의 예언이 어느 정도 이루어질지는 마태복음 5장 18절에서 "진실로 너희에게 이르노니 천지가 없어지기 전에는 율법의 일 점 일획이라도 반드시 없어지지 아니하고 다 이루리라."고 했다.

셋째, 사람들이 변한다. 성경을 읽고 배우는 사람들의 인격이 한 결 같이 변한다. 특별히 자신이 죄인이라고 고백한다. 자신도 구원을 받아야 될 죄인이라고 고백한다. 다른 책은 아무리 읽어도 자신을 죄인이라고 말하지 않는다.

넷째, 성경을 믿는 교회가 존재하고 있다. 진실하게 믿는 교회가 모두 부흥한다. 성경의 권위를 부정하거나 확신하지 못하는 교회는 이상하게 성장하지 않는다. 말씀을 통하여 나타나는 기적이 없다. 그런 교회들은 성경을 소홀히 하고 윤리나 도덕을 강론한다. 그 결과 성도들의 영혼은 점점 침체되고 교회도 성장하지 않는다.

다섯째, 성경 자체가 성경이 진실함을 증명한다. "성경은 언제든지 사람의 뜻으로 낸 것이 아니요 오직 성령의 감동하심을 입은 사람들이 하나님께 받아 말한 것이라."(벧후 1:21)고 했다. 사람들이 임의로 지어내거나 만든 책이 아니라는 의미다. 바로 이러한 점이 성경의 진실성을 증명한다.

성경의 특이성

첫째, 교리적으로 일치한다. 성경은 약 36명의 기록자가 각기 다른 시대, 다른 문화 환경에서 기록했다. 그것도 1,600여 년이라는 긴 세월 동안에 기록되었다. 그럼에도 불구하고 66권의 중심 내용은 일치한다. 각 성경이 가르치는 교리가 통일되어 있으며 일관성이 있다.

둘째, 성령으로 영감 받은 자들에 의해서 기록되었다. 성경은 사람들의 창작물이나 작품이 아니다. 하나님의 특별한 감화를 받아 기록된 책이다. 그래서 베드로후서 1장 21절에서 "예언은 언제든지 사람의 뜻으로 낸 것이 아니요 오직 성령의 감동을 입은 사람들이 하나님께 받아 말한 것이라."고 했다.

셋째, 서로 짝이 있다. 서로 서로를 설명해주는 구절들이 있다. 구약 성경의 의미를 신약 성경이 설명해주고 신약 성경의 의미를 구약 성경이 설명해주는 경우가 있다. 물론 그 구절들은 동시대에 기록된 말씀들도 있지만 아주 긴 시간적인 간격을 두고 기록된 말씀들도 있다.

성경의 기능

첫째, 인간의 영혼을 거듭나게 한다. 하나님을 인정하게 하고 예수 그리스도를 믿게 만든다. 베드로전서 1장 23절에서 "너희가 거듭난 것이 썩어질 씨로 된 것이 아니요 썩지 아니할 씨로 된 것이니 하나님의 살아 있고 항상 있는 말씀으로 되었다."고 했다. 여기 두 가지 성격의 씨가 나온다. 하나는 "썩어질 씨"라고 했다. 이 씨는 종교나 윤리, 도덕, 철학 등을 말한다. 또 다른 하나는 "썩지 아니 할 씨"라고 했다. 이 씨는 바로 하나님의 살아 있고 항상 있는 말씀을 말한다. 이 말씀을 읽고 배우면 하나님을 알게 되고 인격적으로 체험하게 된다.

둘째, 영혼의 양식이다. 마태복음 4장 4절에서 예수님께서 "사람이 떡으로만 살 것이 아니요 하나님의 입으로 나오는 모든 말씀으로 살 것이라."고 하셨다.

인간이 취하여야 하는 양식은 크게 세 가지다. 육의 양식과 마음의 양식이다. 그리고 영의 양식이다. 성경은 바로 영혼의 양식이다.

셋째, 이 성경은 영적인 지식, 영적인 지혜, 영적인 세계의 비밀을 알게 한다.

책을 크게 세 가지로 분류할 수 있다.

육신의 생활에 필요한 서적들이 있다. 먹는 문제, 입는 문제의 정보를 주는 책들이다. 생활을 좀 더 편리하게 하는데 도움을 주는 책들이다. 각종 기기들을 다루는 방법을 설명하는 책들이 이런 유의 책이다.

다음은 윤리나 도덕, 철학, 정신적인 문제를 다룬 책들이다. 일종의 문화, 예술에 관한 서적들이다. 시집이나 소설이나 문학 서적들이다.

또 다른 한 부류는 영적인 문제를 다룬 책이다. 삼위 하나님은 어떤 분이신가? 인간은 어떤 존재인가? 죄는 어떤 것이며, 그 죄를 어떻게 처리하는가? 이 땅에 왜 이렇게 종교가 많으며, 그 종교의 배후에는 누가 있는가? 내세는 어떤 곳이며, 누가 갈 수 있는가? 이런 영적인 문제를 다루는 책이다. 성경은 바로 이런 영적인 내용들을 중점적으로 다루고 있다.

넷째, 사람의 그릇된 인격을 다듬고 고쳐준다. 디모데후서 3장 16절에서 "모든 성경은 하나님의 감동으로 된 것으로 교훈과 책망과 바르게 함과 의로 교육하기에 유익하니 이는 하나님의 사람으로 온전케 하며 모든 선한 일을 행하기에 온전케 하려 함이라." 고 했다.

다섯째, 성도들의 믿음을 성장시켜준다. 믿음의 성장은 자신의 결심이나 각오만으로는 되지 않는다. 성경을 통하여 삼위 하나님을 알아갈 때 믿음이 성장한다. 상대방을 잘 알 때 그 사람에 대한 믿음이 생기듯이 성경을 통하여 삼위 하나님을 바르게 알면 믿음이 생긴다(롬 10:17).

여섯째, 세속적인 가치관을 하나님 중심의 가치관으로 바꾸어준다. 타락한 인간은 언제든지 그릇된 가치관을 가지고 살아간다. 세속적인 생각을 하며 산다. 성경은 바로 이런 생각을 하나님 중심의 생각으로, 가치관으로 변화시켜준다.

성경을 읽는 방법

성경을 읽는 방법은 크게 두 가지이다.

첫째는 삼위 하나님 중심으로 읽는 방법이다. 본문에 등장하는 삼위 하나님에게 관심을 두고 읽는 것을 말한다. 혹 본문에는 구체적으로 언급되어 있지는 않지만 그 사건의 배후에 계시는 하나님과 그의 의도를 파악한다.

또 다른 하나는 성경에 등장하는 사람 중심으로 읽는 방법이다. 대부분의 사람들은 이런 방법으로 읽는다. 왜냐하면 위인전들을 통하여 이런 방법의 책읽기가 이미 익숙해져 있기 때문이다. 이 방법도 유익한 점이 있기는 하지만 가장 좋은 방법은 아니다.

삼위 하나님 중심으로 읽기

성경을 많이 읽어야하지만 읽는 방법도 역시 중요하다. 삼위 하나님 중심으로 읽는 것이 유익하다. 본문에 등장하는 삼위일체 하나님에게 관심을 두고 읽는다. 하나님 중심으로 읽어야 삼위 하나님을 많이 알 수 있다.

인물을 중심으로 읽으면 성경에 나오는 인물에 대해서는 많이 알 수 있을지 모르지만 삼위 하나님에 대해서는 잘 알 수 없다. 인물에 대한 공부는 누구나 쉽게 잘 할 수 있다. 그러므로 가능한 삼위일체 하나님 중심으로 성경을 읽는 훈련을 해야 한다. 삼위 하나님 중심으로 성경을 읽으면 설교자는 삼위일체 하나님 중심으로 설교할 수 있다.

"사람이 감당할 시험 밖에는 너희에게 당한 것이 없나니 오직 하나님은 미쁘사 너희가 감당치 못할 시험 당함을 허락지 아니하시고 시험 당할 즈음에 또한 피할 길을 내사 너희로 능히 감당하게 하시느니라."(고전 10:13).

"여호와께서 너로 실족치 않게 하시며 너를 지키시는 자가 졸지 아니하시리로다. 이스라엘을 지키시는 자는 졸지도 아니하고 주무시지도 아니하시리로다. 여호와는 너를 지키시는 자라 여호와께서 네 우편에서 네 그늘이 되시나니 낮의 해가 너를 상치 아니하며 밤의 달도 너를 해치 아니하리로다. 여호와께서 너를 지켜 모든 환난을 면케 하시며 또 네 영혼을 지키시리로다. 여호와께서 너의 출입을 지금부터 영원까지 지키시리로다."(시 121:1-8).

01

성경의 전체 줄거리를 기억하면서 읽는다.

성경의 전체적인 주제는 창조, 타락, 구속 혹은 회복이다.

하나님께서 세상을 창조하셨다. 자신의 형상대로 인간을 만드셨다(창 1:27). 그 인간에게 세상을 다스리게 하셨다. 말하자면 하나님의 통치권을 아담에게 위임하신 것이다(창 1:28). 하나님께서 창조하신 사람과 그 사람이 세상을 다스리는 모습을 보시니 보시기에 심히 좋았다(창 1:31). 바로 이 모습이 하나님께서 최초에 세우신 하나님 나라의 모습이다.

하나님 나라를 이해함에 있어 창세기 1장의 내용은 매우 중요하다. 특히 창세기 1:27절, 28절, 31절은 기둥과 같은 말씀이다.

그러나 인간이 죄를 범하고 하나님을 떠남으로 타락하고 말았다. 하나님과 관계가 깨어졌다. "정녕 죽으리라"고 한 것처럼 영혼이 죽었다(창 2:17). 여기서 죽음이란 일차적으로 영적인 죽음을 말한다. 즉 하나님과의 교제가 깨어진 것이다.

자연도 이 죄로 인해 신음하고 고통스러워하고 있다(롬 8:22). 결국 보시기에 심히 좋지 않은 상태가 되었다.

그러자 하나님께서는 이를 다시 회복하시고 세상을 구원하실 계획을 준비하셨다. 그 계획이 창세기 3장 15절의 내용이다. 여인의 후손을 보내셔서 마귀의 머리를 상하게 하고 죄인들을 구원하신다는 내용이다.

죄를 범한 인간은 계속 죄의 유혹을 받으며 산다. 죄가 문 앞에 엎드려 있으며 죄가 사람을 원하고 있다(창 4:7). 세상에 죄가 점점 많아진다. 아니 충만해진다. 보시기에 심히 좋았던 그 하나님 나라의 모습은 없다. 죄만 가득한 세상이 되고 말았다(창 6:2).

하나님의 형상으로 지어진 인간 속에 더 이상 하나님의 형상은 없다. 완전 타락하여 선한 모습은 전혀 없다. 죄의 종이 되어 죄를 지으면 산다.

그러자 하나님께서 세상을 심판하신다. 그런 가운데서도 노아의 가정은 구원하신다. 노아의 가정을 통하여 하나님 나라를 다시 시작하시기 위해서다(창 9:7).

하지만 인간은 또 다시 타락한다. 하나님께서는 창세기 1장 28절에서 땅에 충만하라고 하셨다. 하지만 인간은 흩어지지 않으려고 한다. 온 땅에 충만하여 세상을 다스리려고 하지 않는다. 오히려 모여서 탑을 쌓아 자기들의 이름을 내려고 한다(창 11:4).

그러자 하나님께서 그들을 심판하신다. 언어를 혼잡하게 해서 서로 알아듣지 못하게 하신다. 그 결과 자기들의 이름을 내기 위해서 쌓던 바벨탑이 한 순간에 무너지고 만다. 하나님께서 하시는 심판의 방법은 간단하다. 그들은 원하지 않았지만 온 땅으로 흩어지게 된다. 하나님께서 스스로 창세기 1장 28절을 이루셨다.

하나님께서 자신의 열정으로 다시 시작하신다. 태초에 만드셨던 하나님 나라를 회복하시기 위해 시작하신다. 갈대아 우르에 살고 있는 아브람을 불러내신다(창 12:1). 세상 풍속에 빠져 우상을 숭배하는 아브람을 불러내어 그와 더불어 언약을 맺으신다.

하나님께서 먼저 아브라함에게 복을 주신다. 큰 민족을 이루고 창대하게 해주시겠다고 약속하신다(창 12:2-3). 이 약속은 창세기 1장 28절과 관계가 있다. 아브라함과 그 후손들을 통하여 새 나라를 만들려고 하신다. 죄인들을 구속하여 심히 보시기에 좋은 나라를 만들기 위해서다.

야곱을 통하여 이스라엘 나라의 기초를 놓으신다. 야곱이 네 명의 아내를 통하여 낳은 12명의 아들을 쓰신다. 그들은 장차 세워질 이스라엘 나라의 열두 지파의 기초다.

야곱의 가족 70여 명을 애굽으로 보내 큰 나라가 되게 하신다. 70여 명에서 장정만 약 60만 명이나 되었다. 어린이와 여자를 포함하면 약 200만 명이다. 드디어 한 국가가 되었다(출 1:7). 이를 위해서 하나님께서 요셉을 그들 앞서 보내셨다(창 45:7). 드디어 창세기 1장 28절처럼 땅에 충만하게 되었다.

430년이라는 때가 찼다(출 12:40). 하나님께서 이스라엘을 다시 가나안 땅으로 돌아오게 하신다. 구원자로 모세를 보내신다. 모세를 통해 열 가지 재앙을 내려 바로와 바로의 신들을 심판하신다. 바로의 극한 저항에도 불구하고 이스라엘 백성들을 애굽에서 해방시키신다.

출애굽은 그리스도를 통해서 죄인들을 구원하시는 하나님의 구원을 잘 설명하는 예표적인 사건이다.

시내 산에서 이스라엘의 헌법이라고 할 수 있는 십계명을 비롯하여 각종 율법을 주셨다. 이렇게 법을 주셔서 이전보다 온전한 한 나라로 만드셨다. 이제 백성이 있고 법이 있는 국가가 되었다. 땅만 있으면 그야말로 완전한 나라가 되는 것이다.

이스라엘 백성들은 요단강을 건너서 드디어 가나안에 도착했다. 하나님의 약속이 있는 땅이다. 하나님의 온전한 통치가 있고 젖과 꿀이 흐르는 땅이다. 그러나 그 나라에는 이미 가나안 일곱 부족이 살고 있었다.

그들과 더불어 치열한 전쟁을 통하여 땅을 회복하여 나간다. 법적으로는 이스라엘 땅이지만 실제는 전쟁을 통하여 회복한다.

이 사실은 우리의 구원을 설명하는 좋은 예가 된다. 우리가 법적으로는 하나님의 자녀이지만 자녀의 형상과 성품은 치열한 자기와의 영적전쟁을 통하여 이뤄진다.

여호수아가 세상을 떠난 뒤에 하나님께서 사사들을 통하여 이스라엘 나라를 이끌어 가신다. 사무엘 이후에는 왕들을 세우신다. 그 왕들도 한결같이 타락한다. 그러나 하나님께서 실망하지 않으시고 그의 구속사역을 계속하신다.

다윗을 통하여 하나님 나라의 모습을 보여주신다. 물론 장차 완성될 하나님 나라와는 비교 할 수 없다. 완전하지도 않다. 그러나 종말에 도래할 그 나라를 예표 한다. 특히 다윗과 더불어 언약을 맺으신다. 다윗의 왕위를 "영원히 견고하게 하리라" 고 하셨다(삼하 7:13). "네 집과 네 나라가 내 앞에서 영원히 보존되고 네 왕위가 영원히 견고하리라"(삼하 7:14)고 하셨다.

이 과정을 기록한 성경이 역사서이다. 창세기, 출애굽기, 민수기, 여호수아, 사사기, 룻기, 사무엘상하, 열왕기상하, 역대상하이다.

역대기에는 남 왕국 이스라엘을 통하여 메시아가 오는 과정을 좀 더 분명하게 기술하고 있다. 열왕기서가 선지자적인 관점에서 기록되었다면 역대기서는 제사장적인 관점에서 기록되었다. 그래서 다윗이 밧세바를 범한 부정적인 내용이 없다.

시편, 잠언, 전도서, 아가 등 시가서는 다윗과 솔로몬에 의해서 기록되었다.

다니엘서와 에스겔서를 비롯하여 학개, 스가랴, 말라기를 제외한 12권의 선지서도 왕정시대에 기록되었다. 선지서는 왕과 백성들이 하나님의 말씀을 불순종하자 하나님께서 선지자들을 통하여 책망한 말씀이다.

왕과 백성들은 계속 죄를 범하다가 결국 바벨론에 포로로 잡혀간다(대하 36:20). 하나님의 성전도 무너진다. 성전의 모든 기물도 바벨론에 의해 약탈당한다. 하나님께서 함께 하시지 않으면 하나님의 성전도 소용없다. 블레셋에게 법궤를 빼앗길 때 이미 경험했다(삼상 5:2).

외적으로는 하나님 나라가 완전히 끝난 것과 같이 되었다. 백성들의 생활은 애굽에서의 생활과 다름없는 처지가 되었다. 말하자면 종살이다.

그러나 하나님께서 그런 중에서도 자신의 나라가 여전히 존재하고 있음을 보여주신다. 비록 성전은 무너지고 땅과 백성들이 유린당했지만 하나님의 나라는 변함없이 존재하고 있음을 보여주신다. 바로 다니엘과 세 친구를 통하여 그 일을 하신다.

다니엘서에는 이방나라의 왕이 하나님을 찬양하는 내용이 여러 차례 나온다.

느부갓네살 왕의 고백이다. "너희 하나님은 참으로 모든 신의 신이시오, 모든 왕의 주재시로다."(단 2:47). "크도다 그 이적이여 능하도다 그 기사여 그 나라는 영원한 나라요 그 권병은 대대에 이르리로다."(단 4:3).

다리오 왕은 다니엘 6장 26절에서 "그는 사시는 하나님이시요 영원히 변치 않으실 자시며 그 나라는 망하지 아니할 것이요 그 권세는 무궁할 것이라."고 했다. 이때를 배경으로 하여 기록된 성경이 다니엘서와 에스겔서이다.

이스라엘 백성들은 바벨론에서 70년간 포로 생활을 한 뒤 주전 538년경 해방이 되어 돌아온다.

하나님께서 총독인 스룹바벨을 통하여 성전을 다시 재건하신다(스 6:15). 그러나 80여 년이라는 세월이 지나자 또 타락한다. 포로에서 돌아왔을 때의 감격은 다 사라졌다. 세상 풍속에 젖어서 산다. 심지어 제사장들이 이방 여인들과 결혼도 한다(스 10:18). 하나님 나라의 정체성이 통째로 흔들리고 있다.

이때 하나님께서 에스라를 파송하셔서 백성들에게 말씀을 가르치게 하신다(스 7:10). 그로부터 13년 뒤에는 느헤미야를 통해 하나님의 나라를 다시 새롭게 하신다.

포로 이후 성전 재건을 비롯하여 이스라엘 나라의 회복의 과정을 기록한 성경이 에스라와 느헤미야이다.

소선지서인 학개와 스가랴도 이때의 상황을 기록하고 있다. 이스라엘 백성들이 성전 재건을 소홀히 하자 하나님께서 선지자 학개와 스가랴를 보내셔서 성전 재건을 독촉하시는 내용이다.

말라기 선지자의 활동이 끝난 이후부터 예수님께서 오시기 전까지가 이른바 신구약 중간기다. 약 400여 년 기간이다. 이 때 율법주의와 율법을 전문으로 연구하고 관리하는 서기관이 등장한다.

그들이 바벨론에 포로로 간 것은 하나님의 율법을 완전히 지키지 못해서 라고 생각했다. 그래서 율법을 연구하고 완전히 지키려는 움직임이 활발하게 일어났다.

율법을 이해하고 적용하는 태도에 따라 바리새파와 사두개파로 나누어진다. 바리새파는 엄격했고 사두개파는 자유로웠다. 산

헤드린 공회도 이 때 만들어졌다. 그러나 하나님의 계시가 없자 결국 장로의 유전과 온갖 전통들이 만들어져서 사람들을 힘들게 했다. 예수님께서 이 유전과 전통들을 무거운 짐이라고 표현하셨다(마 11:28).

유대인들을 바벨론으로부터 해방시켰던 파사가 헬라의 알렉산더 대왕에게 망한다. 알렉산더 대왕이 죽자 그의 장군들에 의해 헬라는 분할 통치 되었다. 안티고누스의 후계자들은 마케도니아를, 셀류커스의 후계자들은 소아시아와 메소포타미아를, 그리고 프톨레미의 후계자들은 이집트를 지배하였다. 이스라엘에 가장 영향을 미친 나라는 이집트의 프톨레미 왕국과 시리아의 셀류커스 왕국이었다.

주전 323-301년 사이에 프톨레미 왕조와 셀류커스 왕조, 두 나라는 팔레스틴을 두고 치열한 경쟁을 했다. 이로 인해 다섯 번이나 유대의 지배자가 바뀌었다. 그러나 주전 301년의 입수스(Ipsus)전투 이후 주전 198년까지 팔레스틴 지역은 프톨레미 왕조의 통치하에 있었다.

때가 되매 하나님께서 약속하신 엘리야를 보내신다(말 4:5). 세례 요한이다. 세례 요한이 예수님께서 오시는 길을 평탄하게 한다. 백성들에게 회개를 외친다. 회개하라 천국이 가까이 왔다고 한다(마 3:2). 메시아를 영접할 마음의 준비를 시킨다.

요한은 주님을 세상 죄를 지고 가는 어린양이라고 소개한다(요 1:29). 구약의 제사 개념으로 예수님을 소개한다. 이사야 53장 4절부터 6절에서 예언했던 내용이다.

예수님은 바로 창세기 3장 15절에서 말한 여인의 후손이시다. 사탄의 머리를 상하게 하실 그 여인의 후손이시다. 그래서 주님께서 세례를 받으시고 제일 먼저 사탄의 머리를 상하게 하신다.

머리를 상하게 한다는 것은 사탄의 통치력을 무기력하게 한다는 의미이다. 예수님께서 어떻게 사탄을 무기력하게 하셨느냐하면, 사탄에게 유혹 당하지 않으시므로 무기력하게 하셨다. 사탄의 시험을 이기심으로 그의 능력을 무기력하게 하셨다. 사탄아 물러가라고 하셨다(마 4:10). 이것이 바로 사탄의 머리를 상하게 한 것이다.

첫 사람 아담이 사탄으로부터 이런 시험을 당했다. 아담은 결국 그 시험에 져서 사탄의 종이 되었다. 아담 자신뿐 아니라 아담 안에 있는 모든 사람이 종이 되었다. 아담이 사탄의 종이 되었다는 것은 모든 사람들이 사탄의 종이 되었다는 것을 의미한다.

그러나 마지막 아담으로 오신 예수님은 시험을 이기신다. 첫 번째 아담은 시험에 넘어갔지만 마지막 아담이신 예수님은 시험을 물리치시고 이기신다. 그 결과 사탄에게 종노릇 하던 사람들을 구원하셨다.

예수 그리스도께서 오셔서 구약의 예언들을 이루시고 하나님께서 꿈꾸셨던 바로 그 천국을 세우신다. 그를 그리스도로 인정하는 자들을 통하여 천국 즉 하나님 나라를 이루신다.

정리하면 예수 그리스도께서 오셔서 창세기 1장에서 시작한 하나님 나라를 회복하셨다. 실제적으로 완전하게 회복되지는 않았지만 성령님 안에서 법적으로는 완전히 회복되었다.

예수 그리스도께서 십자가에서 죽으심으로 인해 "정녕 죽으리라"(창 2:17)는 무서운 율법을 폐기하셨다. 결국 "하나님께서 보시기에 심히 좋았다"고 하신 창세기 1장 31절을 이루셨다. 물론 육체의 회복과 자연 만물의 회복은 예수님께서 재림하실 때 이뤄진다.

이렇게 먼저 전체적인 하나님 나라와 그의 구원사역을 이해해야 한다. 그래야 성경을 읽을 때 삼위일체 하나님 중심으로 읽을 수 있다. 하나님께서 펼치시는 구속사의 큰 틀을 먼저 이해하고 개인에 관한 기사들을 읽으면 더 의미가 있고 재미있다.

비록 개인의 역사라 할지라도 하나님의 구속사와 신비롭게 연결된다. 하나님의 구속역사가 한 필의 큰 베라고 한다면 성경에 나오는 개개인의 경건과 삶은 그 베의 씨줄과 날줄과 같은 역할을 한다.

02

삼위 하나님께서 어떤 분이신지에 관심을 두고 읽는다.

성경을 읽기 전에 먼저 확인해야 할 일이 있다. 성경의 성격을 정의하는 일이다. 대부분의 사람들은 성경을 하나님의 말씀이라고 한다. 그 말도 틀린 말은 아니다. 그러나 좀 더 엄밀하게 말하면 성경은 '하나님의 자기 계시 책' 이다.

하나님께서 성경을 기록하게 하신 우선적인 목적은 자신을 사람들에게 알리기 위해서다. 자신이 어떤 존재이신지, 어떤 일을 하시는지를 알리기 위해서 기록하게 하셨다. 그래서 성경을 읽을 때 먼저 삼위일체 하나님께서 어떤 분이신지를 관찰해야 한다.

삼위 하나님의 본질을 관찰한다.

하나님은 영이시니 살아있는 자가 영과 진리로 예배해야 할 것이라고 했다(요 4:24). 하나님은 빛이시니 어두움이 조금도 없다(요일 1:5). 육체를 가졌거나 인간의 눈으로 볼 수 있는 분이 아니다. 따라서 어떤 사람도 보지 못했다(딤전 6:16).

하나님은 인격적이시다. 인간과 더불어 영적인 교제를 하실 수 있다. 무한히 완전하신 분이다. 피조물인 유한한 인간과는 구별되신다.

하나님은 단순성을 지니신 분이시다. 단순성이란 존재하심과 속성이 근본적으로 동일하다는 의미이다. 그래서 모세는 성령의 감동을 받아 "주와 같이 거룩함으로 영광스러우며 찬송할 만한 위엄이 있으며 기이한 일을 행하는 자가 누구이니까."(출 15:11)라고 했다. 시편 기자는 "우리 주는 위대하시며 능력이 많으시며 그의 지혜가 무궁하시도다."(시 147:5)라고 노래했다.

예수 그리스도는 본질적으로 영이시지만 육체를 입고 오셨다. 성령으로 잉태되셨다. 예수 그리스도는 독특한 본질을 가지고 계신다.

이사야 9장 6절에서는 "전능하신 하나님 혹은 영존하신 아버지"라고 했다. "그는 근본 하나님의 본체시라." 고 했다(빌 2:6).

요한복음 1장 1절에서 "태초에 말씀이 계시니라 이 말씀이 하나님과 함께 계셨으니 이 말씀은 곧 하나님이라" 고 했다. "말씀이 육신이 되어 우리 가운데 거하시매 우리가 그의 영광을 보니 아버지의 독생자의 영광이요 은혜와 진리가 충만하더라."(요 1:14)고 했다.

요한복음 1장 18절에서 "아버지 품속에 있는 독생하신 하나님" 이라고 했다. 예수님은 자신이 스스로 하나님과 같은 분이시라고 하셨다(요 10:30-33).

어떤 사람이 자기를 하나님이라고 자신 있게 말할 수 있을까? 예수님 한 분 외에는 없다. 그렇다. 예수님 같은 분은 없다. 유일무이한 분이시다. 예수님의 본질은 독특하시다. 신비롭다. 기이하시다.

성령님 역시 영이시다. 하나님이시다. 예수님과 꼭 같은 본질을 가지신 분이시다. 예수님께서 성령님을 "다른 보혜사" 라고 하셨다(요 14:16). 여기 "다른" 이라는 말은 꼭 같은 두 개를 차례대로 소개할 때 사용하는 단어다. 즉 성령님은 본질이 예수님과 꼭 같다는 말이다. 모든 면에서 조금도 다른 점이 없이 같다는 의미이다.

성령님은 인격을 가지신 분이시다. 여호와 증인들이 말하는 단순한 능력이나 기운이 아니다. 예수님처럼 인격을 가지신 분이시다.

요한복음 14장 26절에서 "보혜사 곧 아버지께서 내 이름으로 보내실 성령 그가 너희에게 모든 것을 가르치고 내가 너희에게 말한 모든 것을 생각나게 하리라." 고 했다. 진리의 성령이라고 했다(요 16:13). 이렇게 성경을 읽으면서 삼위 하나님의 본질에 관심을 두고 읽는다.

삼위 하나님의 속성과 성품이 어떠한지를 관찰한다.

하나님의 속성과 성품은 성경을 통해서만 알 수 있다. '스스로 있는 자' 시라고 했다(출 3:14). '지존자' 시라고 했다(삼상 15:19). 하나님의 속성은 영원하시다.

디모데전서 1장 17절에서 "영원하신 왕 곧 썩지 아니하고 보이지 아니하고 홀로 하나이신 하나님" 이라고 했다. "오직 그에게만 죽지 아니함이 있고 가까이 가지 못할 빛에 거하시고 어떤 사람도 보지 못하였고 또 볼 수 없는 이" (딤전 6:16)라고 했다.

하나님은 초월해 계신다. 전능하시다. 악이 조금도 없으시고 선하시다. 불의를 조금도 용납하지 않으시는 공의의 하나님이시다. 유일하신 분이시다.

하나님은 인간이 가지고 있는 속성도 있다. 이를 공유적 속성이라고 한다. 사랑과 자비가 많으시다(요 3:16). 거룩하시다(벧전 1:15-16).

예수님은 본질적으로는 영이시지만 사람의 몸을 입고 오셨다. 그러나 예수님은 죄는 없으시다(히 4:15). 때로는 피곤해 하셨다. 주리기도 하시며, 눈물을 흘리기도 하시며(요 11:36), 우리를 위해서 심한 통곡으로 기도하셨다(히 5:7). 서기관들과 바리새인들을 향하여서는 분노하기도 하셨다(마 23:33). 예수님은 우리와 성정이 꼭 같은 참 인간의 속성을 가지셨다. 예수님은 본인 스스로 나는 온유하고 겸손하다고 하셨다(마 11:29).

예수님은 근본 하나님의 본체이시지만 하나님과 동등 됨을 취할 것으로 여기지 않으셨다. 오히려 자기를 비워 종의 형체를 가지셨다. 자기를 낮추시고 죽기까지 복종하셨다. 그래서 바울은 이 예수님의 마음을 품으라고 부탁했다(빌 2:5-8).

예수님의 인격과 삶은 독특하시다. 창세전부터 계셨다. 구약시대에도 계셨다. 아브라함이 예수님을 보았다(요 8:56).

출생이 독특하시다. 주님이 오시기 전 이미 천 년 전에 구체적으로 예언되었다(사 7:14). 출생 장소가 유대 땅 베들레헴이라고 했다(미 5:2). 출생 방법도 독특하시다. 성령으로 잉태되셨다(눅 1:35). 동정녀에게서 출생하셨다(사 7:14). 출생하기 전 이미 이름도 예언되었다(마 1:21).

죽으심이 독특하시다. 사람들과 다르다. 어떤 성인이나 도덕군자와도 다르다. 예수님은 자신이 죽을 때를 알고 계셨다(마 17:23). 자연사 하시지 않고 다른 사람의 죄를 위하여 십자가에서 죽으셨다(사 53:4-5).

죽음 이후에 부활하셨다(눅 24:6). 이 세상에도 죽었다가 혹 부활한 사람이 있다. 그러나 그들은 죽기 전의 모습으로 살아났다. 얼마 후 다시 죽었다. 그러나 예수님의 부활은 그들과 다르다. 완전히 다른 형체로 부활하셨다(마 22:30). 부활 후 사십 일 동안이나 자신의 부활을 증거 하셨다.

많은 사람들이 보는 가운데 하늘로 승천하셨다(행 1:9). 예수님은 지금도 영으로 살아계신다(히 13:8). 우리를 인격적으로 만나주시고 격려해 주신다. 우리의 기도를 구체적으로 응답해주신다.

성령님 역시 인격을 가지신 분이시다. 로마서 8장 26절에서 성령님은 우리의 연약함을 도우는 분이시며, 우리는 마땅히 기도할 바를 알지 못하지만 성령님께서 말할 수 없는 탄식으로 우리를 위해서 친히 기도하신다고 했다. 우리가 죄를 지을 때 근심하신다고 했다(엡 4:30).

성령님도 사랑이 많으시다. 기뻐하시며, 오래 참으시며, 자비하시고, 양선하시며, 충성과 온유와 절제가 뛰어나신 분이시다(갈 5:22-23). 성령님과 동행하고 오래 사귀면 성령님의 이런 거룩한 성품이 우리에게도 나타난다.

삼위 하나님을 어떻게 표현하고 있는지 그 이름을 관찰한다.

성부 하나님에 대한 명칭은 여러 가지이다. 최초의 표현은 "여호와"이시다. 스스로 존재한다는 의미이다(출 3:14). "엘 로이", 감찰하시는 하나님(창 16:13). "엘 샤다이", 전능하신 하나님(창 17:1). "여호와 이레", 준비하시는 하나님이시다(창 22:14). "여호와 닛시"(출 17:15), 하나님은 승리이시다. "여호와 샬롬"(삿 6:24), 하나님은 평화이시다. 전쟁과 불안이 가득한 세상에서 유일한 평화의 처소가 되는 분이시다. "여호와 로이", 여호와는 나의 목자이시다(시 23:1). "여호와 삼마", 여호와께서 거기 계시다는 의미다(겔 48:35).

"지극히 높으신 하나님"(창 14:14), "자비하신 하나님"(신 4:31),

"질투하시는 하나님"(출 20:5), "영생하시는 하나님"(창 21:33) 등이 있다.

성자 예수님의 명칭이다. "그리스도"(마 16:16), 기름부음을 받은 자라는 의미이다. "임마누엘", 하나님이 우리와 함께 계시다는 의미이다(눅 1:76). "하나님의 아들"(눅 1:35), "독생자"(요 3:16), "인자"(눅 19:10), "말씀"(요 1:1), "하나님의 어린양"(요 1:29), "구주 예수 그리스도"(벧후 3:2), "기묘자", "묘사", "영존하신 아버지, 평강의 왕"(사 9:6). "알파와 오메가"(계 1:17) 등이다.

성령님의 호칭이다. "하나님의 영"(창 1:2, 삿 14:6), "나의 신"(창 6:3), "내 영"(욜 2:28), "보혜사"(요 14:26), "진리의 성령"(요 15:26), "예수의 영"(행 16:7), "그리스도의 영"(롬 8:9), "양자의 영"(롬 8:15), "주의 영"(고후 3:17), "지혜의 신", "약속의 성령"(엡 1:12), "지혜와 계시의 영"(엡 1:17), "하나님의 성령"(엡 4:30), "은혜의 성령"(히 10:29), "영광의 영"(벧전 4:14) 등이다.

삼위 하나님의 능력과 권세를 관찰한다.

하나님께서 말씀으로 우주 만물을 창조하셨다. 완전한 무에서 말씀으로 창조하셨다. 이것은 하나님의 능력 중에서 가장 위대한 능력이다. 흙으로 사람을 창조하시고 코에 생기를 넣어서 생영이 되게 하셨다(창 2:7). 인간이 모방할 수 없는 위대한 능력이다. 하나님의 창조능력, 이 세상을 운영하시는 능력, 말씀으로 이 세상을 움직이는 권세 등을 살펴본다.

예수님께서도 죄를 사하시는 권세가 있다(막 2:10). 물로 포도주를 만드는 권세와 능력, 바람을 잔잔하게 하시는 능력, 말씀으로 백부장의 하인을 치료하시는 능력과 권세, 소경을 보게 하시는 능력, 귀신을 쫓아내시는 능력 등 예수님의 능력과 권세는 한 없이 많다.

이런 능력들은 또 예수님께서 어떤 분인가? 하는 것을 설명한다. 바람을 잔잔하게 하시는 것은 예수님께서 천지를 다스리는 분임을, 소경의 눈을 뜨게 하시는 것은 예수님께서 세상의 어둠을 쫓아내는 빛이심을, 오병이어의 기적은 예수님께서 우리의 생명의 떡이심을, 귀신들을 명하여 쫓아내시는 것은 영적인 세계까지도 다 통치하시는 전능하신 하나님이시라는 사실을 가르친다.

성령님은 성부 하나님의 구원 계획과 성자 예수 그리스도의 구속 사역을 깨닫게 하신다. 죄인으로 하여금 회개하고 예수님을 믿도록 하신다(고전 12:3). 예수님께서 하신 말씀을 기억나게 하는 일을 하신다(요 14:26). 성도들을 계속 진리 가운데로 인도하신다(요 16:13).

삼위 하나님께서 어떻게 사역하시는지를 관찰한다.

하나님께서 일하신다는 표현이 본문에 기록되어 있는지 여부에 따라 두 종류로 나눌 수 있다.

첫째는 하나님께서 일하시는 모습이 본문에 분명하게 나타나 있다. 이런 경우는 하나님께서 일하시는 모습을 쉽게 발견할 수 있다. 특히 약속을 이루시는 모습 등에서다. 그러므로 하나님께서 그가 약속하신 언약을 어떻게 신실히 이루시는지를 살펴본다.

아브라함을 통하여, 이삭, 야곱, 요셉, 다윗 등의 사람들을 통하여 언약을 이루어 가시는 하나님의 멋진 모습을 중심으로 읽는다. 대적들을 이기시는 하나님의 전략들을 살펴보고, 우리를 사랑하시고, 힘주시고, 위로하시는 미쁘신 하나님의 모습들을 중심으로 읽는다. 이렇게 읽으면 너무나 재미있고 즐겁다.

두 번째, 어떤 본문에는 삼위 하나님께서 일하셨다는 내용이 구체적으로 언급되어 있지 않다. 하지만 그 사건의 배후에는 역시 하나님께서 계신다. 하나님의 계획이 있다. 그래서 배후에서 일하고 계시는 하나님과 하나님의 계획을 파악하면서 읽는다. 대표적인 성경이 에스더이다.

에스더 성경에는 하나님이라는 표현이나 주님이라는 표현이 전혀 없다. 하나님께서 어떤 일을 하셨다는 표현도 없다, 하나님께 영광을 돌리거나 찬양하는 일도 없다. 하지만 에스더와 모르드개, 아하수에로 왕과 하만 등 성경에 나오는 인물들의 배후에서 일하신다. 이들을 통하여 이스라엘 백성들을 보호하신다. 이미 약속하신 말씀을 부지런히 이루시고 있다.

에스더서는 이방 사회에서 일어난 사건의 기록이다. 어떤 이들은 에스더서에 하나님에 대한 언급이 없는 것은 이방사회에서 하나님의 이름이 훼손되지 않도록 보호하기 위해서라고 했다.

룻기에도 이와 비슷한 사건이 있다. 시어머니 나오미가 두 자부를 데리고 베들레헴으로 오다가 갑자기 두 자부에게 어머니의 집으로 돌아가라고 한다(룻 1:8). 즉 고향인 모압으로 돌아가라고 한다. 그러자 오르바가 돌아간다. 그런데 룻은 그 반대다. 나오미를 붙좇는다(룻 1:14). "붙좇는다"는 말은, 하나가 될 만큼 붙어서 간다는 의미다. 말하자면 나오미와 한 몸 같이 되었다는 말이다.

룻이 이렇게 고백한다. "어머니께서 가시는 곳에 나도 가고 어머니께서 유숙하시는 곳에서 나도 유숙하겠나이다. 어머니께서 죽으시는 곳에서 나도 죽어 거기 장사될 것이라, 만일 내가 죽는 일 외에 어머니와 떠나면 여호와께서 내게 벌을 내리시고 더 내리시기를 원하나이다."(룻 1:16-17). 어머니와 함께 죽겠다. 무덤에도 함께 가고 음부라도 함께 가겠다. 제발 나로 어머니를 떠나며 돌아가라 강권하지 마옵소서라고 한다.

하나님께서 룻에게 든든한 믿음을 주셔서 붙좇게 한 것이다. 나오미가 모압으로 돌아가라고 하는 순간에 하나님께서 룻을 꼭 붙잡으셨다. 그를 구원으로 초청하신 여호와 하나님께서 견고한 믿음을 주셨다. 우상의 나라로 돌아가지 않고 하나님의 나라로 들어오도록 인도하셨다.

종종 우리는 룻의 경건만을 강조한다. 홀로된 시어머니를 섬기려고 하는 룻의 효심에 관심이 많다. 그러나 룻의 이 단호한 모습에서 하나님의 의지를 보아야 한다. 룻을 강권적으로 붙잡으시는 하나님의 모습을 보아야 한다.

하나님께서 룻을 통하여 저마다 자기 소견에 옳은 대로 행하는 그 시대에 그의 계획을 이루시려고 작정하셨다. 그런데 그 계획이 흔들리려고 하자 하나님께서 전격적으로 개입하셔서 룻에게 믿음을 주신 것이다.

우리가 성경을 읽을 때 자주 소홀히 하는 부분이 바로 이 부분이다. 하나님께서 배후에서 역사하시는 이 사실을 자주 놓친다. 인간의 감동적인 행동의 배후에는 언제나 하나님의 간섭하심이 있다는 사실을 기억해야 한다.

룻이 베들레헴으로 돌아왔다. 그때가 언제냐 하면? 보리 추수가 시작될 때이었다(룻 1:22). 그것도 추수가 다 끝난 때가 아니라 추수가 막 시작하는 때다. 가난한 사람도 이삭을 주워서 넉넉히 먹을 수 있는 추수 때다. 하나님께서 룻을 위해서 모든 것을 예비하고 계시는 모습을 볼 수 있다.

그렇다. 하나님께서는 영적인 것은 물론이요, 육신적인 것까지 모든 것을 책임지고 계신다. 룻을 위해 룻의 발걸음을 조정하셨다. 추수시기에 도착하도록 룻의 마음을 재촉하셨을 수도 있다. 룻의 걸음걸이에 맞추기 위해서 결실기까지 조정하셨을 수도 있다. 이처럼 하나님께서 배후에서 그의 구원 역사를 이루시기 위해서 은밀하게 일하신다.

성경은 근본적으로 삼위 하나님을 소개하는 책이다. 많은 사람들이 등장하지만 그들을 통하여 결국은 삼위일체 하나님의 구원

역사를 소개한다. 그래서 성경은 삼위일체 하나님 중심으로 읽어야 한다.

"그런즉 이 일에 대하여 우리가 무슨 말 하리요 만일 하나님이 우리를 위하시면 누가 우리를 대적하리요. 자기 아들을 아끼지 아니하시고 우리 모든 사람을 위하여 내주신 이가 어찌 그 아들과 함께 모든 것을 우리에게 주시지 아니하겠느냐. 누가 능히 하나님께서 택하신 자들을 고발하리요 의롭다 하신 이는 하나님이시니, 누가 정죄하리요 죽으실 뿐 아니라 다시 살아나신 이는 그리스도 예수시니 그는 하나님 우편에 계신 자요 우리를 위하여 간구하시는 자시니라. 누가 우리를 그리스도의 사랑에서 끊으리요 환난이나 곤고나 박해나 기근이나 적신이나 위험이나 칼이랴. 기록된바 우리가 종일 주를 위하여 죽임을 당하게 되며 도살당할 양 같이 여김을 받았나이다 함과 같으니라. 그러나 이 모든 일에 우리를 사랑하시는 이로 말미암아 우리가 넉넉히 이기느니라."(롬 8:31-37).

"오직 성령이 너희에게 임하시면 너희가 권능을 받고 예루살렘과 온 유대와 사마리아와 땅 끝까지 이르러 내 증인이 되리라 하시니라."(행 1:8).

03

모세는 장인 이드로에게 출애굽 사건을 하나님 중심으로 소개했다.

이드로가 모세의 아내 십보라와 그의 두 아들을 데리고 모세에게 갔다. 모세가 나가서 그의 장인을 맞이한다. 그에게 입을 맞추고 서로 문안하고 함께 장막으로 들어간다.

모세가 여호와께서 이스라엘을 위하여 바로와 애굽 사람에게 행하신 모든 일을 이야기 한다. 길에서 그들이 당한 모든 고난과 여호와께서 그들을 구원하신 일을 모두 다 그 장인에게 말한다(출 18:8). 기적적으로 홍해를 건너게 하신 일, 마라에서 쓴 물을 달게 만드신 일, 광야에서 만나와 메추라기를 주신 일, 르비딤에서 반석을 쳐서 물이 나게 하신 일 등을 이야기해준다. 자기에 관한 이야기가 아니라 하나님께서 하신 일들을 말해준다. 전능하신 하나님께서 그의 지혜로 하신 일들을 낱낱이 전해준다. 다시 말해 모세가 하나님 중심으로 말했다.

그러자 이드로가 여호와께서 이스라엘에게 큰 은혜를 베푸시고, 애굽 사람의 손에서 그들을 구원하신 일을 듣고 기뻐한다(출 18:9). 하나님께서 행하신 생생한 간증을 듣고 그의 가슴이 뜨거워진 것이다.

기뻐하는 것은 복음을 듣고 중생한 자들의 공통적인 특징이다.

예수님을 만난 사마리아 여인이 그랬다. 그는 문란한 생활로 인해 죄의식으로 기쁨이 없었다. 그러나 예수님을 만나고 죄의식이 살아졌다. 명랑해졌다. 너무나 기쁜 나머지 물동이를 버려두고 동네로 들어가 그리스도를 만났다고 외쳤다(요 4:29).

빌립에게 복음을 받은 간다게의 내시가 그랬다. 내시는 성경을 통하여 그리스도가 누구인지를 알았다. 길을 가다가 물 있는 곳에 이르러 세례를 베풀어 달라고 요청했다. 빌립이 수레를 멈추고 물로 내려가 그에게 세례를 베푼다. 세례를 받은 내시는 기쁨으로 그의 길을 갔다(행 8:39).

이방 종교의 제사장인 이드로가 여호와를 찬송한다(출 18:10). 이스라엘 백성을 애굽 사람의 손에서와 바로의 손에서 건져내신 하나님을 찬양한다. 놀라운 일이다. 상상하지 못했던 일이다. 이방 종교의 제사장이었던 이드로가 처음으로 "여호와"를 부르며 찬양한다. 이것은 그가 여호와 하나님만이 참신이시고 유일한 신이라는 사실을 깨달았다는 증거다.

출애굽기 18장 11절에서 "이제 내가 알았도다."라고 말한다.

"내가 알았다."는 이 말은 현재형 동사다. 이것은 과거에는 몰랐는데 이제 비로소 분명히 깨닫고 알았다는 의미다. 그는 또 여호와는 모든 신보다 크신 분이라고 고백한다. 이스라엘에게 교만하게 행하는 그들을 이기셨다고 고백한다.

자기가 섬기던 신을 포함하여 애굽의 모든 신들보다 여호와의 능력이 더 위대하다는 의미다. 이드로의 신관이 완전히 변화되었음을 암시한다.

신앙생활에 있어 이처럼 아는 것이 중요하다. 지식이 중요하다는 의미이다. 그래서 "믿음은 들음에서 나고 들음은 그리스도의 말씀으로 말미암는다."고 했다(롬 10:17). 여기 들었다는 것은 가르침을 받아서 하나님에 대한 참 지식을 얻었다는 의미이다. 하나님에 대한 지식을 얻고 보니 믿게 되었다는 말이다.

예수님께서는 "유일하신 참 하나님과 그가 보내신 자 예수 그리스도를 아는 것이 영생이라"(요 17:3)고 하셨다. 물론 여기 안다는 말은 단순히 지식적인 것만을 말하지 않는다. 지, 정, 의, 즉 전인격적으로 아는 것을 말한다. 완전한 체험을 포함한다.

체험이 없는 지식도 문제지만 지식이 없는 체험도 동일하게 문제다. 진리에 대해서 지식을 가지지 않고 무조건 믿는 것은 미신이며 맹신이다. 지식이 없는 열심은 위험하다(잠 19:2).

이드로는 이전에 여호와 하나님에 대해서 들어 보지 못했다. 하나님께서 어떤 분이신지 배울 수 있는 기회가 없었다. 그래서 그는 여호와 하나님을 지식적으로 알지 못했다. 당연히 체험하지도 못했다. 그 결과 그는 믿지 못한 것이다. 그러나 모세로부터 여호와 하나님에 대해서 들었다. 모세의 설명을 통해서 그 분이 누구이시며 어떤 분이신지를 알았다. 그 결과 믿게 되었다.

예수님께서 세상에 오셔서 가장 먼저 하신 일도 자기가 누구이신지를 가르치는 것이었다. 이를 위해 여러 가지 기적을 행하셨다. 그래서 이 기적을 표적이라고 한다.

요한복음에는 표적이란 말이 무려 열다섯 번이나 나온다. 보리떡 다섯 개와 물고기 두 마리로 오천 명을 먹이신다(마 14:21). '예수님께서 참 생명의 떡 이시다' 는 것을 의미한다. 소경의 눈을 뜨게 하신다(요 9:7). 이 사건은 '예수님께서 빛이시다' 는 것을 말한다. 풍랑을 잠잠케 하신다(막 4:39). '예수님께서는 바람도 주관하시는 창조주 하나님이심' 을 의미한다. 그래서 요한복음 2장 11절에서 "예수께서 이 첫 표적을 갈릴리 가나에서 행하여 그의 영광을 나타내시매 제자들이 그를 믿으니라." 고 했다.

예수님께서 가이사랴 빌립보 지방에 이르러 제자들에게 질문하신다. "사람들이 인자를 누구라 하느냐?" (마 16:13). 인자는 사람의 아들이라는 뜻이다. 다니엘서의 표현이다.

제자들이 대답한다. "더러는 세례 요한, 더러는 엘리야, 어떤 이는 예레미야나 선지자 중의 하나라 하나이다." (마 16:14).

예수님께서 다시 물으셨다. "너희는 나를 누구라 하느냐?" (마 16:15).

베드로가 대답한다. "주는 그리스도시요 살아 계신 하나님의 아들이시니 이다."(마 16:16).

예수님께서 베드로를 칭찬하셨다. "바요나 시몬아 네가 복이 있도다 이를 네게 알게 한 이는 혈육이 아니요 하늘에 계신 내 아버지시니라."(마 16:17). 예수님께서 제자들을 칭찬하시는 경우는 극히 드물다. 그러나 베드로가 주님을 바르게 고백하자 칭찬하셨다.

18절에서 "너는 베드로라 내가 이 반석 위에 내 교회를 세우리니 음부의 권세가 이기지 못하리라."고 하셨다.

이드로가 번제물과 희생 제물들을 하나님께 가져온다(출 18:12). 번제뿐만이 아니라, 다른 감사 제사도 함께 드린다. 현대적인 의미로 말하면 이드로가 하나님께 예배했다는 의미다.

그리고 아론을 비롯하여 이스라엘의 모든 장로가 와서 이드로와 함께 떡을 먹는다. 식사를 함께 한다는 것은 이드로가 이스라엘 공동체의 일원이 되었다는 것을 의미한다. 오늘날로 말하면 성찬에 참여 했다고 할 수 있다.

그렇다. 이드로가 비록 이방인이었지만, 모세가 소개하는 하나님과 그가 하신 일을 듣고 여호와 하나님을 믿게 되었다. 거듭났다. 하나님의 자녀가 되었다. 그리스도인이 되었다. 아주 특이한 사건이며 구약시대에 흔하지 않은 일이다. 그래서 케일(Keil)은 이드로를 '이방인 중의 첫 개종자' 라고 했다.

만약 모세가 하나님을 소개하지 않고 자신이 한 일을 말했다면 이드로는 하나님을 알지 못했을 것이다. 결과적으로 하나님을 믿지도 못했을 것이다. 그러나 모세는 일관되게 하나님께서 하신 일을 이드로에게 말했다. 다시 말해 모세는 삼위 하나님 중심으로 말했다.

성경읽기 관점으로 말한다면 이드로는 삼위 하나님 중심으로 성경을 읽었다. 그 결과 이드로는 하나님에 대해서 알게 되었고 하나님을 믿게 되었다. 이드로의 경우만 봐도 삼위 하나님 중심으로 성경을 읽고 설교하는 것이 얼마나 중요한지를 알 수 있다.

"또 내가 보니 죽은 자들이 큰 자나 작은 자나 그 보좌 앞에 서 있는데 책들이 펴 있고 또 다른 책이 펴졌으니 곧 생명책이라 죽은 자들이 자기 행위를 따라 책들에 기록된 대로 심판을 받으니, 바다가 그 가운데에서 죽은 자들을 내주고 또 사망과 음부도 그 가운데에서 죽은 자들을 내주매 각 사람이 자기의 행위대로 심판을 받고"(계 20:12-13).

"주 예수를 믿으라 그리하면 너와 네 집이 구원을 얻으리라."(행 16:31).

04

생명의 성령의 법과 죄와 사망의 법을 중심으로 읽는다.

자연 세계에 자연 법칙이 있듯이 영적 세계에도 영적인 법칙이 있다. 그 대표적인 것이 "생명의 성령의 법"과 "죄와 사망의 법"이다. 이 두 가지 영적인 법은 하나님의 나라에 중요한 두 기둥이다. 하나님의 구속 역사의 중요한 주제이며 성경의 핵심 진리이다. 그래서 복음을 이해하고 성경을 이해하는데 아주 중요하다.

첫째, "생명의 성령의 법"이다.

하나님께서 동방의 에덴에 한 동산을 창설하시고 지으신 사람을 그 동산에 두었다(창 2:8). 기쁨의 동산, 즐거움의 동산, 평화의 동산이다. 그 동산 중앙에 생명나무를 두었다(창 2:9). 생명나무의 열매는 먹으라고 하셨다. 이 생명나무의 열매를 먹으면 영생하게 된다(창 3:22). 죽음과 고통이 없는 동산에서 하나님의 평화와 기쁨을 누리며 살 수 있다. 하나님을 즐거워하며 살게 된다. 이 법칙이 하나님께서 최초로 만든 영적 법칙이다. 이 법이 하나님 나라의 모든 법의 기초가 되고 출발이 된다. 기독교의 핵심이다. 바울 사도가 이 법을 "생명의 성령의 법"(롬 8:2)이라고 했다.

다른 하나는 "죄와 사망의 법"이다.

하나님께서 아담에게 "동산 각종 나무의 열매는 네가 임의로 먹되, 선악을 알게 하는 나무의 열매는 먹지 말라 네가 먹는 날에는 반드시 죽으리라"(창 2:16-17)고 하셨다. 죄를 지으면 반드시 죽는다는 법칙이다.

많은 사람들이 질문한다. 하나님은 왜 선악을 알게 하는 나무를 만드셨느냐? 물론 그런 질문도 의미가 있다. 하지만 그렇게 질문하는 것보다 선악을 알게 하는 나무가 의미하는 것이 무엇인지를 묻는 것이 더 현명하다. 선악을 알게 하는 나무는 하나님의 말씀을 어기고 죄를 지으면 반드시 죽는다는 죄와 사망의 법을 설명한다.

예수 그리스도께서 십자가에서 죽으신 이유도 바로 이 법 때문이다. 이 죄와 사망의 법 때문이다. 많은 성도들이 예수님께서 왜 반드시 죽으셔야하는 지를 막연하게 알고 있다. 그냥 우리의 죄 때문이라고 한다. 맞는 말이다. 그러나 더 구체적으로 말하면 바로 창세기 2장 17절의 말씀 때문이다. 즉 죄와 사망의 법 때문이다.

창세기 4장에서 바로 이 죄와 사망의 법이 어떻게 작동하고 있는지를 설명한다. 가인이 동생 아벨을 죽인다. 그 이유는 하나님께서 가인과 그의 예배를 받지 않으신 것 때문이다. 물론 사실이다. 그러나 그 배후에는 죄와 사망의 법이 있었다. 죄의 세력이 있었다. "네가 선을 행하면 어찌 낯을 들지 못하겠느냐 선을 행하지 아니하면 죄가 문에 엎드려 있느니라. 죄가 너를 원하나 너는 죄를 다스릴지니라."(창4:7). 가인은 죄를 다스리지 못하고 결국 아벨을 죽였다. 죄에게 사로 잡혀서 살인죄를 지었다. 창세기 5장에는 아담의 계보가 있다. 물론 생명의 성령의 법의 실체가 되시는 예수 그리스도가 오실 혈통을 설명한다. 이 계보에 나오는 인물들을 소개할 때 공통적인 표현이 있다. 그것은 "살고" "죽었다"이다. "살고 죽었다"는 이 표현은 인간의 일생을 압축해서 설명한다. 동시에 생명의 법과 죄와 사망의 법이 있음을 암시한다.

창세기 6장은 하나님의 사람들의 타락을 소개한다. 아담의 후손들이 죄와 사망의 법을 좇아가는 실상을 소개한다. "하나님의 아들들이 사람의 딸들의 아름다움을 보고 자기들이 좋아하는 모든 여자를 아내로 삼는지라."(창 6:2)고 했다. "마음으로 생각하는 모든 계획이 항상 악하다."고 했다. 하나님의 사람들이 생명의 성령의 법을 좇는 것이 아니라 죄와 사망의 법을 좇아갔다. 그 결과 세상에는 죄악이 가득했다(창 6:5). 하나님께서 "땅 위에 사람 지으셨음을 한탄하사 마음에 근심하시고"(창 6:6)라고 했다. 그러나 그런 중에도 생명의 성령의 법을 따르는 자가 있었다. 노아였다. 물론 하나님께서 은혜를 주셔서 그가 생명의 성령의 법아래서 살 수 있었다.

창세기 7장 21절에서 "땅 위에 움직이는 생물이 다 죽었으니 곧 새와 가축과 들짐승과 땅에 기는 모든 것과 모든 사람이라."고 했다. 죄의 결과로 죽은 것이다. 죄와 사망의 법칙에 따라 그렇게 된 것이다. 특별히 이 홍수 심판 사건은 하나님의 심판의 범위를 설명한다. 죄의 결과로 우주적인 심판이 있을 것을 말한다.

출애굽기 20장에 십계명이 있다. 이 십계명은 생명의 성령의 법의 최소한의 기준이다. 그리고 생명의 성령의 법으로 인도하는 안내자이다. 모든 율법 역시 그런 기능이 있다.

신명기 28장에는 더 구체적인 설명이 있다. 1절부터 14절까지는 생명의 성령의 법에 대한 설명이다. 15절부터 68절까지는 죄와 사망의 법에 대해 설명한다.

모세 오경뿐만 아니라 다른 모든 구약 성경에도 이 두 가지 영적 법칙이 나온다. "여호와께서 말씀하시기를 보라 너희 앞에 생명의 길과 사망의 길을 두었노라 너는 이 백성에게 전하라 하셨느니라."(렘 21:8). 표현만 다를 뿐이지 그 의미는 결국 두 가지다. 순종하여 생명의 성령의 법 안에서 살 것인지, 아니면 불순종하여 죄와 사망의 법을 따를 것인지 이다. 죄와 사망의 법과 생명의 성령의 법은 하나님 나라에 두 기둥이다. 성경 66권 속에 흐르는 핵심 진리이다. 인간을 구원하시는 하나님의 구속 역사 가운데 중요한 주제다.

아담이 죄를 범하자 하나님께서 생명나무로 나가는 길을 막으셨다. 에덴동산 동편에 그룹들과 두루 도는 불 칼을 두어 막으셨다(창 3:24). 그러나 이제는 예수 그리스도를 보내셔서 생명나무로 나아가는 길을 내셨다. 아니 생명의 성령의 법 안으로 초대하신다. 그래서 "하나님이 세상을 이처럼 사랑하사 독생자를 주셨으니 이는 그를 믿는 자마다 멸망하지 않고 영생을 얻게 하려 하심이라"(요 3:16)고 했다. "내 말을 듣고 내 보내신 자를 믿는 자는 영생을 얻었고 심판에 이르지 아니하나니 사망에서 생명으로 옮겼느니라."(요 5:24)고 하셨다.

그렇다. 때가 되자 하나님께서 생명의 성령의 법의 실체이신 예수 그리스도를 보내셨다(갈 4:4). 이전의 안식일이나 절기나 제사들은 모두 그의 그림자다. 생명의 성령의 법의 실체이신 예수 그리스도를 소개하는 안내자이었다.

그러므로 이제 누구든지 생명의 성령의 법의 실체이신 예수 그리스도를 믿으면 죽지 않는다. 심판받지 않는다. 지옥에 가지 않는다. 왜냐하면 이제 죄와 사망의 법에서 해방되었기 때문이다. 그래서 바울은 "이제 그리스도 예수 안에 있는 자에게는 결코 정죄함이 없나니 이는 그리스도 예수 안에 있는 생명의 성령의 법이 죄와 사망의 법에서 너를 해방하였음이라."(롬 8:1-2)고 했다. 그러나 "순종하지 아니하는 자는 영생을 보지 못하고 도리어 하나님의 진노가 그 위에 머물러 있느니라."(요 3:36)고 했다.

성령 하나님 역시 생명의 성령의 법의 실체이시다. 예수 그리스도께서 생명의 성령의 법의 내용이라면 성령님은 그 내용을 적용하는 분이시다. 예수 그리스도와 성령님은 생명의 성령의 법의 내용이자 주체자이시다.

성령님이 오순절에 임하셨다. 오순절은 유월절로부터 오십 일이 되는 날이다. 이때부터 보리와 밀을 추수한다. 첫 수확을 시작하는 날이다. 성령님께서 이런 절기에 임하셨다는 것은 어떤 의미가 있을까? 성령님이 생명의 법 안에서 살아가는 자들을 알곡으로 만들어 추수하게 한다는 의미가 있다.

그렇다. 성령 하나님은 성도들이 알곡이 되게 하신다. 가을 햇볕이 곡식을 여물게 하듯이 성령님이 성도들의 인격을 아름답게 만드신다. 사랑과 희락과 화평과 오래 참음과 자비와 양선과 충성과 절제하는 사람이 되게 하신다. 능력을 주어서 그리스도의 증인이 되게 하신다. 생명의 성령의 법 안에서 힘차게 살아가도록 하신다. 그러므로 성도는 절대적으로 성령 충만을 받아야 한다(엡5:18).

복음이 무엇인가? 복음은 죄와 사망을 해결하는 길을 제시하는 것이다. 인간이 도저히 해결할 수 없는 죄와 사망의 법에서 해방 받는 길을 제시하는 것이다. 지식으로, 철학으로, 종교로, 과학으로, 어떤 방법으로도 해결할 수 없는 흉악한 죄와 사망을 해결하는 것이다. 그런데 그 죄와 사망을 어떻게 해결하는가? 죽음으로만 해결할 수 있다. 왜 그런가? "정녕 죽으리라"는 이 죄와 사망의 법 때문이다. 예수 그리스도께서 십자가에서 죽으신 이유도 바로 이 법 때문이다.

많은 성도들이 예수님께서 왜 죽으셨는지를 막연하게 알고 있다. 우리의 죄 때문이라고 한다. 맞는 말이다. 그러나 좀 더 구체적으로 말하면 바로 창세기 2장 17절의 말씀 때문이다. "죄를 지으면 정녕 죽는다."는 죄와 사망의 법칙 때문이다.

교회에서는 '예수님의 피' 라는 말을 많이 사용한다. 죄를 씻는 것은 물론이고, 마귀도 '예수님의 피' 를 말하면 물러가고, 질병도 '예수님의 보혈' 로 치료되고, 우리의 삶 속에서 만나는 모든 문제들이 '예수님의 피' 로 해결된다고 한다. '보혈을 지나 아버지께로 간다.' 는 찬양 가사도 있다. '예수님의 피' 에는 놀라운 권세가 있다고 한다. '그 피' 가 우리의 죄를 희게 한다고 한다.

이 또한 무슨 의미인가? 어떤 이는 구약시대의 제사하는 방법으로 설명한다. 죄를 지으면 짐승을 죽여서 피를 받고, 대제사장이 지성소 안으로 들어가 짐승의 피를 속죄소에 뿌릴 때 그 죄가 씻어졌다는 것이다. 유월절에 문설주와 인방에 바른 어린 양의 피에서 유래되었다고 한다. 또 어떤 사람은 "피 흘림이 없이는 죄사함이 없다."(히9:27)고 한 성경을 인용 한다. 물론 맞는 말이다. 그러나 완전한 대답은 아니다.

'예수님의 피' 라는 말의 의미는 예수님께서 피를 흘리시고 죽었음을 의미한다. 즉 예수님께서 죄의 대가를 죽음으로 치르신 것을 말한다. 그 결과, 죄로 말미암아 생겨난 모든 문제를 해결하셨다. 인간의 모든 문제의 출발과 뿌리가 되는 원죄를 해결하셨기 때문에, 그렇게 표현한다. 이런 표현이 나오게 된 근본 출발은 역시 창세기 2장 17절이다. "죄를 지으면 정녕 죽는다."는 죄와 사망의 법이다.

십자가도 마찬가지이다. 십자가는 교회의 상징이다. 어떤 교파, 어떤 교회를 불문하고 교회에는 모두 다 십자가가 있다. 찬송가에도 십자가를 주제로 하는 가사가 많다. 복음을 설명할 때도 십자가는 빼놓을 수 없다. 설교를 할 때도 십자가가 중심이다. 십자가가 없는 설교는 설교가 아니라고까지 한다. "십자가, 십자가 무한 영광일세." 라는 찬송가 가사도 있다. 마귀가 십자가를 보면 도망간다고 한다.

이런 말들의 의미는 무엇인가? 이런 표현 역시 예수님께서 죄와 사망의 법에 따라 죄의 결과로 십자가에서 죽으신 것을 의미한다. 우리의 죄와 그 결과로 오는 질병과 재앙과 저주와 죽음과 심판을 해결하시기 위해서 예수님께서 십자가 위에서 죽으신 것을 말한다.

인간을 이해할 때도 이 법칙을 반드시 알아야 한다. 모든 사람들은 이 죄의 법에 매여 있다. 태어날 때부터 죄의 종이다. 죄의 법을 따라서 죄를 지으며 산다. 그 죄로 인해서 양심의 고통을 느낀다. 심한 경우는 정신적인 질병으로 발전한다. 죽음 같은 고통으로 행복이 없다. 어떤 경우는 그 고통으로 스스로 목숨을 끊기도 한다. 결국 이 죄의 결과로 죽고 심판을 받고 영원한 지옥으로 간다.

오늘날 우리 앞에도 생명나무와 선악을 알게 하는 두 나무가 있다. 그 두 나무가 상징하는 두 법이 여전히 존재하고 있다. 죄를 지으면 영혼이 죽음 같은 고통을 겪는다. 그래서 바울은 갈라디아서 5장 16절에서 "너희는 성령을 따라 행하라 그리하면 육체의 욕심을 이루지 아니하리라" 고 했다. 갈라디아서 6장 8절에서는 "자기 육체를 위하여 심는 자는 육체로부터 썩어질 것을 거두고 성령을 위하여 심는 자는 성령으로부터 영생을 거두리라." 고 했다.

그러므로 성경을 읽을 때 이 두 법을 생각하면서 읽어야한다. 나는 지금 어느 법을 따르고 있는지, "생명의 성령의 법" 을 따르고 있는지 "죄와 사망의 법" 을 좇고 있는지를 점검하면서 읽어야 한다. 이런 방법으로 성경을 읽으면 죄를 짓고 있을 때는 죄와 사망의 법을 좇고 있는 자신을 발견할 수 있다. 회개하고 그 죄에서 돌이킬 수 있다. 뿐만 아니라 생명을 얻되 더 풍성히 얻을 수 있다. 들어가며 나오면 영혼의 꼴을 얻을 수 있다. 시냇가에 심은 나무가 철을 따라 열매를 맺으며 그 잎사귀가 마르지 않는 것 같이 된다.

"영접하는 자 곧 그 이름을 믿는 자들에게는 하나님의 자녀가 되는 권세를 주셨으니"(요 1:12).

05

하나님께서 말씀하신 예언 혹은 약속을 어떻게 이루시는지를 관찰한다.

성경의 중요한 주제는 예언(약속)과 성취이다. 그래서 성경을 읽을 때 하나님께서 하신 예언 혹은 약속을 어떻게 이루시는지를 관찰해야 한다.

예언 혹은 약속은 크게 두 종류다. 첫째는 구속에 대한 예언(약속)이다. 두 번째는 일반적인 예언(약속)이다.

창세기 3장 15절에서 "내가 너로 여자와 원수가 되게 하고 네 후손도 여자의 후손과 원수가 되게 하리니 여자의 후손은 네 머리를 상하게 할 것이요 너는 그의 발꿈치를 상하게 할 것이니라." 고 했다. 여기서 하나님의 구속에 대한 약속이 시작된다. 창세기 이후의 전체 성경은 바로 이 말씀과 관계가 있다. 즉 하나님께서 이 말씀을 어떻게 완성해 나가시는지를 설명하고 있다.

그 다음은 창세기 12장 2절에서 하신 약속이다. "내가 너로 큰 민족을 이루고 네게 복을 주어 네 이름을 창대하게 하리니 너는 복이 될지라. 땅에 모든 민족이 복을 얻을 것이라." 이 약속의 강조점은 아브라함이 믿음의 조상이 될 것이라는 것이다.

이 약속 역시 창세기 3장 15절과 관계가 있다. 아니 연속이다. "여인의 후손"은 예수 그리스도를 말한다. "땅의 모든 족속이 너로 말미암아 복을 받는다."(창 12:3)는 것은 예수 그리스도를 통해서 복 받는다는 의미를 포함하고 있다. 이런 점에서 연관성이 있다.

창세기 15장 1절부터 21절에서 다시 아브라함과 언약을 맺으신다. "네 몸에서 날 자가 네 상속자가 되리라. 그를 이끌고 밖으로 나가 이르시되 하늘을 우러러 뭇별을 셀 수 있나 보라. 또 그에게 이르시되 네 자손이 이와 같으리라."(4-5절).

창세기 17장에서 아브라함과 또 구체적으로 언약을 맺으신다. 아브라함이 구십구 세 때 일이다. "내가 내 언약을 나와 너 사이에 두어 너를 크게 번성하게 하리라."(2절). "보라 내 언약이 너와 함께 있으니 너는 여러 민족의 아비가 될지라."(3절). "내가 내 언약을 나와 너 및 대대 후손 사이에 세워서 영원한 언약을 삼고 너와 너 후손의 하나님이 되리라."(7절).

특별히 이 약속은 이스라엘 국가의 형성과 관계가 있다. 즉 아브라함을 통하여 하나님께서 이삭을 보내시고 이삭의 아들 야곱을 통하여 이스라엘 나라의 기초를 놓으신다.

하나님은 이 언약을 아브라함의 아들인 이삭과 야곱에게 신실히 지키셨다. 창세기는 바로 이 약속을 지키시는 하나님의 모습을 설명한다.

이삭이 흉년을 만나 양식을 얻으러 애굽으로 내려가려고 했다(창 26:1). 그 때 하나님께서 이삭에게 나타나셨다. 애굽으로 가지 말라고 하셨다(2절). 그랄에 머물라고 하셨다. 그리고 이삭과 함께 하며 복을 주겠다고 하셨다. 모든 땅도 그 자손들에게 주겠다고 하셨다(3절).

하나님은 이 약속을 신실하게 이루셨다. 아비멜렉이 리브가를 범하려고 할 때 지켜주셨다. 이삭이 그 땅에서 농사하여 그 해에 백배나 얻었고 여호와께서 복을 주시므로 그 사람이 창대하고 왕성하여 마침내 거부가 되었다(창 26:12-13). 이것은 아브라함에게 하신 약속을 지키신 것을 증명하는 사건이다.

야곱이 에서와의 불화로 밧단아람으로 도망간다. 밤이 되어 광야에서 잠을 잔다. 그 때 하나님께서 야곱에게 찾아오셨다. 이렇게 말씀하셨다. "네 자손이 땅에 티끌 같이 되어 네가 서쪽과 동쪽과 북쪽과 남쪽으로 퍼져나갈 지며 땅의 모든 족속이 너와 네 자손으로 말미암아 복을 받으리라. 내가 너와 함께 있어 네가 어디로 가든지 너를 지키며 너를 이끌어 이 땅으로 돌아오게 할지라. 내가 네게 허락한 것들을 다 이루기까지 너를 떠나지 아니하리라."(창 28:14-15).

하나님께서 야곱에게 일방적으로 나타나셔서 이렇게 하시는 이유가 무엇일까? 그것은 바로 창세기 17장에서 약속하신 그 말씀 때문이다. 하나님께서 아브라함에게 약속하신 것을 이루기 위해서다. 즉 야곱이 아브라함의 후손, 언약의 백성이기 때문이다.

야곱이 밧단아람에 있는 라반의 집에서 양치기를 한다. 외삼촌 라반이 일 삯을 열 번이나 속이고 주지 않는다. 그러자 야곱이 지혜를 쓴다. 흰 양이 태어나면 모두 라반의 것으로 한다. 아롱지고 점이 있는 것만 자기의 양으로 하기로 한다. 라반도 이 야곱의 제안에 동의한다.

그 후 야곱은 버드나무와 살구나무와 신풍나무를 벗겨서 흰무늬를 낸다. 그렇게 한 나무를 물을 먹으러 온 암양 앞에 둔다. 물론 건강한 암양에게만 한다. 그러면 얼룩얼룩하거나 아롱진 양을 낳는다. 야곱은 그런 양을 자기 것으로 한다. 이런 일이 가능한가? 절대 불가능하다. 그러나 하나님께서 그렇게 하셨다. 왜 그렇게 하셨는가? 하나님께서 야곱에게 하신 약속 때문이다(창 28:14-15절). 더 나아가서는 이삭과 아브라함에게 하신 약속 때문이다. 그래서 하나님께서 야곱에게 자신을 소개하실 때 아브라함과 이삭의 하나님이라고 하셨다(창 28:13절).

야곱이 외삼촌 라반 몰래 도망을 간다. 라반이 뒤늦게 알고 추격한다. 라반이 야곱에게 이르렀다. 그러자 하나님께서 그 날 밤에 라반에게 나타나셨다. 라반에게 경고하신다. 너는 삼가 선악간에 야곱에게 말하지 말라, 고 하셨다(창 31:24). 하나님께서 이렇게 하신 이유가 무엇일까? 다른 이유는 없다. 야곱에게 하신 약속 때문이다. 더 나아가 아브라함과 이삭에게 하신 약속 때문이다.

야곱이 온다는 소식을 듣고 에서가 군사 400명을 데리고 온다(창 32:6). 야곱을 치기 위해서다. 야곱은 일생에서 가장 큰 어려움을 만났다. 야곱은 또 꾀를 부린다. 그 때 하나님께서 야곱에게 나타나신다. 하나님의 사자가 밤새도록 야곱과 씨름한다(창 32:24). 이 사건을 통하여 하나님께서 야곱을 담대하게 만드셨다. 야곱이 "그들 앞에서 나아가되 몸을 일곱 번 땅에 굽히며 그의 형 에서에게 가까이 가니"(창 33:3).

동시에 에서의 마음도 바꾸셨다. 야곱이 에서에게 나아가자 에서는 야곱을 반갑게 맞이한다. "에서가 달려와서 그를 맞이하여 안고 목을 어긋맞추어 그와 입 맞추고 서로 우니라."(창 33:3-4).

에서와 야곱이 서로 껴안고 운다. 놀라운 일이 일어난 것이다. 야곱도 에서도 전혀 상상하지 못한 일이다. 어떻게 이런 일이 가능했을까? 간밤에 하나님께서 두 사람을 변화시키셨다. 야곱은 담대한 사람으로, 에서는 사랑의 사람으로 변화시키셨다. 두 사람이 서로 사랑하도록 만드셨다.

창세기는 하나님께서 약속하신 언약을 어떻게 신실히 이루시는지를 보여주는 성경이다. 창세기에는 창조 사건만 있지 않다. 실제 그 내용은 극히 일부분이다. 1장과 2장이 전부다. 나머지는 하나님의 약속과 성취에 관한 내용이다. 하나님께서 죄를 지은 인간의 구원을 약속하시고 그 언약을 이루시는 모습이 기록되어 있다.

그러므로 하나님께서 그 약속을 이루시는 것을 관찰하며 읽어야 한다. 예수님으로 연결되는 구속사에 관한 약속뿐만 아니다. 일반적인 예언이나 약속도 마찬가지이다.

구약 성경에는 예언과 약속이 많다.

민수기는 이스라엘 백성들이 가나안을 향하여 가는 여정을 기록하고 있다. 일종의 역사서다. 바란 광야에서 모세가 열두 명의 정탐꾼을 가나안에 보낸다. 그들이 돌아와 보고한다. 열 명의 정탐꾼은 부정적인 보고를 한다. 그 땅은 사람을 삼키는 땅이요, 장대한 사람들이 살고 있다고 했다. 이 보고를 들은 이스라엘 백성들 대성통곡한다. 모세를 원망한다. 그러자 하나님께서 그들을 징계하셨다.

"너희의 자녀들은 너희 반역한 죄를 지고 너희의 시체가 광야에서 소멸되기까지 사십 년을 광야에서 방황하는 자가 되리라. 너희는 그 땅을 정탐한 날 수인 사십 일의 하루를 일 년으로 쳐서 그 사십 년간 너희의 죄악을 담당할지니 너희는 그제야 내가 싫어하면 어떻게 되는지를 알리라 하셨다 하라. 나 여호와가 말하였거니와 모여 나를 거역하는 이악한 온 회중에게 내가 반드시 이같이 행하리니 그들이 이 광야에서 소멸되어 거기서 죽으리라."(민 14:33-35). 이 말씀은 40년이 지난 뒤에 완전히 이루어졌다. 여호수와 갈렙 두 사람만 가나안 땅에 들어갔다.

이스라엘이 르비딤에 있을 때다. 아말렉이 이스라엘을 공격한다. 아말렉은 에서의 후손이다(창 36:12). 모세가 두 손을 높이 들고 하나님께 기도했다. 여호수아는 군사를 이끌고 아말렉과 싸웠다.

이스라엘이 출애굽한 뒤에 첫 번째 치룬 전투다. 물론 하나님의 전적인 은혜로 승리했다.

그 뒤에 하나님께서 이렇게 말씀하셨다. "여호와께서 모세에게 이르시되 이것을 책에 기록하여 기념하게 하고 여호수아의 귀에 외워 들리라 내가 아말렉을 없이하여 천하에서 기억도 못 하게 하리라."(출 17:14).

하나님께서 발람을 통하여 아말렉에 대해서 예언하셨다. "아말렉은 민족들의 으뜸이나 그 종말은 멸망에 이르리로다."(민 24:20). 하나님께서 모세를 통하여 다시 말씀하신다. "너희는 애굽에서 나오는 길에 아말렉이 네게 행한 일을 기억하라."(신 25:17).

이스라엘이 강대국이 되었을 때 하나님께서 사울에게 명령하신다. "만군의 여호와께서 이같이 말씀하시기를 아말렉이 이스라엘에게 행한 일 곧 애굽에서 나올 때에 길에서 대적한 일로 내가 그들을 벌하노니, 지금 가서 아말렉을 쳐서 그들의 모든 소유를 남기지 말고 진멸하되 남녀와 소아와 젖 먹는 아이와 우양과 낙타와 나귀를 죽이라 하셨나이다."(삼상 15:2-3). 이렇게 반복해서 말씀하시는 이유는 출애굽 당시에 아말렉이 르비딤에서 이스라엘을 공격한 일 때문이다(출 17:8). 하나님은 이 사건을 결코 잊지 않으셨다. 아말렉에 대한 예언을 결국 이루셨다.

여호수아가 여리고성을 정복한 뒤 이렇게 선포했다. 물론 하나님께서 여호수아를 통해서 하신 것이다. "누구든지 일어나서 이 여리고성을 건축하는 자는 여호와 앞에서 저주를 받을 것이라.

그 기초를 쌓을 때에 그의 맏아들을 잃을 것이요. 그 문을 세울 때에 그의 막내아들을 잃으리라."(수 6:26). 이때는 대략 B. C. 1400년 정도 되었다. 약 700여 년 뒤인 B. C. 870년경 이 약속이 이루어진다. 북 왕국 아합 왕 시대다.

아합은 이스라엘의 7대 왕이다. 오므리의 아들이다. 아합은 이방 여인인 이세벨을 아내로 맞이한다. 이세벨은 시돈 왕 엣바알의 딸이다. 그는 바알을 섬기는 자다. 아합도 결국은 그의 아내 이세벨과 함께 바알을 섬긴다.

바로 이 아합 왕의 시대에 벧엘 사람 히엘이 여리고성을 재건했다. 그러자 하나님께서 그가 여리고성의 터를 쌓을 때 맏아들 아비람을 죽이셨다. 성문을 세울 때 막내아들 스굽을 치셨다. 왕상 16장 34절에서는 "여호와께서 눈의 아들 여호수아를 통하여 하신 말씀과 같이 되었더라."고 했다.

아합 왕은 계속 악한 일을 했다. 나봇을 죽이고 그의 포도원을 빼앗았다(왕상 21:10). 하나님의 백성을 지켜야 할 왕이 오히려 백성의 재산을 빼앗고 죽인다. 그러자 하나님께서 엘리야를 통하여 말씀하셨다. "여호와의 말씀이 개들이 나봇의 피를 핥은 곳에서 개들이 네 피 곧 네 몸의 피도 핥으리라."(왕상 21:19). "이세벨에게 대하여도 여호와께서 말씀하여 이르시되 개들이 이스르엘 성읍 곁에서 이세벨을 먹을지라."(왕상 21:23).

이 예언이 있은 뒤 삼 년째 되던 해에 아람과 이스라엘 사이에 전쟁이 있었다(왕상 22:2). 아합은 유다 왕 여호사밧과 연합하여 아람을 공격했다. 아합은 변장하고 여호사밧은 왕복을 입었다. 아람 왕은 지휘관 삼십이 명에게 이스라엘 왕과만 싸우라고 명령했다. 전쟁이 한창이던 중에 아람의 한 병사가 우연히 활을 쏘았다. 그런데 그 화살이 아합에게 명중했다(왕상 22:34). 아합은 피를 흘리며 전투를 하다가 결국 죽었다. 아합의 피가 묻은 병거를 사마리아 못에 와서 씻었다. 그러자 그 때 개들이 와서 아합의 피를 핥았다. 하나님께서 말씀하신 그대로 되었다(왕상 22:38).

아합의 아내 이세벨에 대한 말씀은 아하시아 왕과 요람 왕을 이어 왕이 된 예후에 의해서 성취되었다. "돌아와서 전하니 예후가 이르되 이는 여호와께서 그 종 디셉 사람 엘리야를 통하여 말씀하신 바라 이르시기를 이스르엘 토지에서 개들이 이세벨의 살을 먹을지라."(왕하 9:36).

남 왕국 유다가 계속 죄를 지었다. 하나님의 말씀을 듣지 않는다. 이방 신들을 섬긴다. 각종 우상을 숭배한다. 그러자 하나님께서 징계하셨다. 결국 그들은 바벨론의 종이 되었다. 그러나 하나님께서 그들을 불쌍히 여기신다. 칠십 년 동안 종살이 할 것이라고 하셨다.

"이 모든 땅이 폐허가 되어 놀랄 일이 될 것이며 이 민족들은 칠십 년 동안 바벨론의 왕을 섬기리라. 여호와의 말씀이니라. 칠십 년이 끝나면 내가 바벨론의 왕과 그의 나라와 갈대아인의 땅을 그 죄악으로 말미암아 벌하여 영원히 폐허가 되게 하되, 내가 그 땅을 향하여 선언한바 곧 예레미야가 모든 민족을 향하여 예언하고 이 책에 기록한 나의 모든 말을 그 땅에 임하게 하리라."(렘 25:11-13).

하나님의 경고가 있어도 그들은 회개하지 않았다. 회개는커녕 예언하는 예레미야 선지자를 조롱하고 핍박한다. 감옥에 넣었다.

유다 백성들이 주전 605년부터 바벨론에 포로로 잡혀갔다. 시드기야 왕 제구 년에는 바벨론의 왕 느부갓네살이 침공했다. 예루살렘을 치러 올라와서 그 성에 대하여 진을 치고 주위에 토성을 쌓았다. 그 성이 시드기야 왕 십일 년까지 포위되었다. 성 중에 기근이 심하여 그 땅 백성의 양식이 떨어졌다. 성벽이 파괴되었다. 시드기야 왕은 도망가다가 여리고 평지에서 체포되었다. 시드기야의 아들들을 그의 눈앞에서 죽였다. 시드기야의 두 눈을 빼고 놋 사슬로 그를 결박하여 바벨론으로 끌고 갔다.

예레미야가 예언한 대로 드디어 70년이 지났다. 주전 538년에 바사의 왕 고레스가 칙령을 내린다. 이때부터 유다 백성들은 3차에 걸쳐서 귀환한다. 스룹바벨과 에스라, 느헤미야가 백성들을 이끌고 왔다. 하나님께서 예레미야를 통하여 하신 예언을 그대로 이루셨다. 바사의 고레스 왕의 마음을 감동하여서 이루셨다.

"바사의 고레스 왕 원년에 여호와께서 예레미야의 입으로 하신 말씀을 이루시려고 여호와께서 바사의 고레스 왕의 마음을 감동시키시매 그가 온 나라에 공포도 하고 조서도 내려 이르되, 바사 왕 고레스가 이같이 말하노니 하늘의 신 여호와께서 세상 만국을 내게 주셨고 나에게 명령하여 유다 예루살렘에 성전을 건축하라 하셨나니 너희 중에 그의 백성된 자는 다 올라갈지어다. 너희 하나님 여호와께서 함께 하시기를 원하노라 하였더라." (대하 36:22-23).

이와 같은 성격의 예언 혹은 약속이 이루어지는 예는 너무 많다. 이런 내용을 자세하게 읽으면 자연스럽게 하나님을 신뢰하게 된다. 때로는 두려운 마음도 생긴다. 신앙생활을 나태하게 할 때일 것이다. 그러나 주님을 사랑하는 성도들은 무한한 소망이 생길 것이다.

우리가 이스라엘의 역사라고도 할 수 있는 구약 성경을 읽고 공부하는 이유는 바로 여기에 있다. 역사의 현장에서 하나님께서 미리하신 예언이나 혹은 약속하신 말씀을 놀랍게 이루시는 것을 발견하기 때문이다.

예수님에 대해서도 선지자들을 통해 많은 것을 예언하셨다. 그리고 놀라운 방법으로 그 예언을 이루셨다. 즉 그 약속을 성취하셨다.

출생 장소가 예언되었다. 베들레헴이다. 예수님께서 오시기 약 700년 전에 예언하셨다. "베들레헴에서 이스라엘을 다스릴 자가 나올 것이라." (미가 5:2)고 했다. 그대로 이루셨다.

출생의 방법을 탄생 700년 전에 이미 약속하셨다. 성령으로 잉태될 것이라고 했다. 이사야 7장 14절에서 "처녀가 잉태하여 아들을 낳을 것이요 그 이름은 임마누엘이라 하리라." 고 했다. 그리고 그대로 되었다. "천사가 대답하여 가로되 성령이 네게 임하시고 지극히 높으신 이의 능력이 너를 덮으시리니 이러므로 나실 바 거룩한 자는 하나님의 아들이라 일컬으리라."(눅 1:35)고 했다.

이름도 예언되었다. 마태복음 1장 21절에 "그 이름을 예수라 하라". 예수라는 말은 구원이라는 의미이다. 죄에서, 사단에서, 세상 풍습에서 구원한다는 의미이다.

예수님의 죽으심도 예언되었다. 예수님은 죄가 없으시지만 죄인들을 위해서 죽으실 것이 이미 약속되었다(사 53:4-6). 이런 예언 즉 약속이 예수님이 오셔서 죽으심으로 모두 이루어졌다. 그래서 예수님은 십자가 위에서 마지막으로 "다 이루었다"고 하셨다.

예수님의 부활도 하나님께서 약속하셨다. 그래서 사도 바울은 "성경대로 그리스도께서 우리 죄를 위하여 죽으시고, 장사지낸 바 되었다가 성경대로 사흘 만에 다시 살아 나사"(고전 15:3)라고 했다.

하나님께서 말씀하신 것은 반드시 이루시는 것을 볼 때, 우리는 다음과 같은 기대와 확신을 하게 된다.

하나님의 신실하심을 확신하게 된다. 하나님께서는 자신이 약속하신 것은 반드시 이루시는 분임을 믿게 된다. 인간들처럼 약속해 놓고 쉽게 어기시는 분이 아님을 알게 된다. 우리의 신앙은 바로 여기서부터 출발한다.

기본적인 약속을 믿을 수 있다. 그리고 실제 생활에서 그 약속을 활용하며 생활할 수 있다. 기본적인 약속은 대략 일곱 가지이다.

첫째는 말씀이 반드시 성취된다는 약속이다. "진실로 너희에게 이르노니 천지가 없어지기 전에는 율법의 일 점 일획이라도 반드시 없어지지 아니하고 다 이루리라."(마 5:18).

두 번째는 구원의 약속이다. 가로되 "주 예수를 믿으라 그리하면 너와 네 집이 구원을 얻으리라."(행 16:31). "영접하는 자 곧 그 이름을 믿는 자들에게는 하나님의 자녀가 되는 권세를 주셨으니"(요 1:12). "내가 진실로진실로 너희에게 이르노니 내 말을 듣고 또 나 보내신 이를 믿는 자는 영생을 얻었고 심판에 이르지 아니하나니 사망에서 생명으로 옮겼느니라."(요 5:24). 예수님을 믿으면 구원받는다는 말씀이 믿어진다.

세 번째는 사죄의 약속이다. "만일 우리가 우리 죄를 자백하면 저는 미쁘시고 의로우사 우리 죄를 사하시며 모든 불의에서 우리를 깨끗케 하실 것이요."(요일 1:9). "또 저희 죄와 저희 불법을 내가 다시 기억치 아니하리라 하셨으니"(히 10:17). "동이 서에서 먼 것 같이 우리 죄과를 우리에게서 멀리 옮기셨으며"(시 103:12).

네 번째는 인도의 약속이다. "여호와는 나의 목자시니 내가 부족함이 없으리로다. 그가 나를 푸른 초장에 누이시며 쉴만한 물가로 인도하시는도다. 내 영혼을 소생시키시고 자기 이름을 위하여 의의 길로 인도하시는도다."(시 23:1-2).

다섯 번째는 승리의 약속이다. "세상에서는 너희가 환난을 당하나 담대하라 내가 세상을 이기었노라 하시니라."(요 16:33). "그러나 이 모든 일에 우리를 사랑하시는 이로 말미암아 우리가 넉넉히 이기느니라."(롬 8:37). "사람이 감당할 시험 밖에는 너희에게 당한 것이 없나니 오직 하나님은 미쁘사 너희가 감당치 못할 시험 당함을 허락지 아니하시고 시험 당할 즈음에 또한 피할 길을 내사 너희로 능히 감당하게 하시느니라."(고전 10:13).

여섯 번째는 기도응답의 약속이다. "구하라 그러면 너희에게 주실 것이요 찾으라 그러면 찾을 것이요 문을 두드리라 그러면 너희에게 열릴 것이니, 구하는 이마다 얻을 것이요 찾는 이가 찾을 것이요 두드리는 이에게 열릴 것이니라."(마 7:7-8). "일을 행하는 여호와 그것을 지어 성취하는 여호와 그 이름을 여호와라 하는 자가 이같이 이르노라. 너는 내게 부르짖으라 내가 네게 응답하겠고 네가 알지 못하는 크고 비밀한 일을 네게 보이리라."(렘 33:2-3).

일곱 번째는 보호의 약속이다. "여호와께서 너로 실족치 않게 하시며 너를 지키시는 자가 졸지 아니하시리로다. 이스라엘을 지키시는 자는 졸지도 아니하고 주무시지도 아니하시리로다. 여호와는 너를 지키시는 자라 여호와께서 네 우편에서 네 그늘이 되시나니 낮의 해가 너를 상치 아니하며 밤의 달도 너를 해치 아니하리로다. 여호와께서 너를 지켜 모든 환난을 면케 하시며 또 네 영혼을 지키시리로다. 여호와께서 너의 출입을 지금부터 영원까지 지키시리로다."(시 121:1-8).

이런 기본적인 약속을 믿고 신뢰하게 된다. 그러면 신앙생활이 활기차다. 어떤 어려움이나 시련을 만나도 낙심하지 않는다. 온갖 시험에서 승리할 수 있다.

예언을 반드시 이루시는 하나님 중심으로 성경을 읽으면, 예수 그리스도의 재림을 확신할 수 있다. "이러므로 너희도 준비하고 있으라 생각하지 않은 때에 인자가 오리라."(마 24:44). "올라가실 때에 제자들이 자세히 하늘을 쳐다보고 있는데 흰 옷 입은 두 사람이 그들 곁에 서서, 이르되 갈릴리 사람들아 어찌하여 서서 하늘을 쳐다보느냐 너희 가운데서 하늘로 올려지신 이 예수는 하늘로 가심을 본 그대로 오시리라 하였느니라."(행 1:10-11).

이 시대를 사는 성도들의 최대 관심사는 예수 그리스도의 재림이다. 하지만 성도들 중에는 예수 그리스도께서 다시 오신다는 것을 믿지 않는 사람들이 있다. 믿는다고는 하지만 여전히 의심하는 사람도 있다. 그러나 하나님께서 약속하신 것을 반드시 이루신다는 것을 성경을 통하여 알게 되면 예수님의 재림도 확실히 믿을 수 있다.

최후 심판이 있음을 확신할 수 있다. "또 내가 보니 죽은 자들이 큰 자나 작은 자나 그 보좌 앞에 서 있는데 책들이 펴 있고 또 다른 책이 펴졌으니 곧 생명책이라 죽은 자들이 자기 행위를 따라 책들에 기록된 대로 심판을 받으니, 바다가 그 가운데에서 죽은 자들을 내주고 또 사망과 음부도 그 가운데에서 죽은 자들을 내주매 각 사람이 자기의 행위대로 심판을 받고"(계 20:12-13).

성경을 이런 방법으로 읽으면 영적으로 큰 유익을 얻는다. 인물 중심으로 성경을 읽으면 이런 하나님의 일하심을 알 수 없다.

그러나 하나님 중심으로 읽으면 하나님께서 예언하시고 그 약속을 이루어 가시는 놀라운 모습을 알 수 있다. 그러면 자연스럽게 하나님을 믿는다. 하나님을 사랑한다. 하나님의 말씀을 순종한다.

"내가 진실로진실로 너희에게 이르노니 내 말을 듣고 또 나 보내신 이를 믿는 자는 영생을 얻었고 심판에 이르지 아니하나니 사망에서 생명으로 옮겼느니라."(요 5:24).

06

인물의 선한 행동이 나오면, 그렇게 할 수 있도록 도와주신 하나님의 은혜를 생각한다.

에녹은 야렛의 아들이다. 므두셀라의 아버지이다. 에녹이 사람들에게 주목을 받는 이유는 그가 하나님과 삼백 년간 동행한 것 때문이다(창 5:22). 죽지 않고 하나님께서 거하시는 곳으로 올라간 것 때문이다(창 5:24).

히브리서 기자는 에녹이 죽음을 보지 않고 하늘로 올라간 것은 그의 믿음 때문이라고 했다(히 11:5-6). 틀린 표현은 아니다. 그러나 조금만 더 자세히 관찰하면 에녹의 모든 경건한 생활의 이면에 하나님의 은혜가 있었음을 알 수 있다.

하나님과 삼백 년간 동행했다고 했다. 인간이 거룩하신 하나님과 동행하는 것이 인간의 노력으로 가능한 일인가? 그것도 삼백 년이라는 긴 세월동안 말이다. 불가능한 일이다. 결코 있을 수 없는 일이다. 이것은 전적인 하나님의 은혜다. 하나님께서 에녹에게 긍휼을 베푸시고 그를 충성되어 여겨 주셨기 때문에 가능했다. 만약 하나님께서 그의 허물을 감찰하셨다면 그 역시 허물이 있었을 것이다. 인간의 경건은 하나님과 동행하기에는 너무 부족하다.

하늘로 승천하는 것 역시 그렇다. 죄인인 인간은 스스로는 한 치도 하늘로 오를 수 없다. 그럼에도 에녹이 죽음을 보지 않고 하늘에 올라간 것은 하나님의 전적인 은혜다. 말할 수 없이 크신 하나님의 사랑의 결과다. 에녹 편에서는 자랑할 만한 것이 조금도 없다. 그저 주시는 그 은혜로 되었을 뿐이다(엡 2:8-9).

에녹의 일생은 성도의 일생을 보여주는 일종의 예표다. 하나님께서 에녹을 은혜로 부르셨다. 일평생 하나님께서 에녹과 동행하여 주셨다. 혹 허물이 있다고 할지라도 용서해주시고 덮어주셨다. 결국은 하나님께서 그를 영원한 하나님 나라로 데려가셨다. 특히 이 에녹을 통해 그리스도께서 승천하실 것을 예표 적으로 보여주신다.

노아가 심판에서 구원받은 것 역시 하나님의 은혜가 있었기 때문이다. 물론 노아가 그 시대 사람들을 본받지 않고 믿음으로 산 것도 사실이다. 그러나 근본적으로 하나님의 계획이 먼저 있었다. 노아의 가정을 통하여 하나님 나라를 다시 세우시려는 하나님의 계획이 있었다. 그래서 그에게 앞서 은혜를 주셨다(창 6:8). 그 결과 그는 구별된 삶을 살 수 있었다. 소망 중에 산위에서 방주를 만들 수 있었다.

창세기 22장에서 아브라함이 이삭을 하나님께 드리는 것을 보고 아브라함을 칭찬한다. 틀린 것이 아니다. 아브라함의 믿음이 대단하다. 그러나 이 사건을 하나님 중심으로 생각하면 설명은 달라진다. 하나님께서 사십여 년에 걸쳐 아브라함을 연단시키신 결과다.

아브라함도 처음에는 형편없는 신앙생활을 했다. 본토 친척 아비 집을 떠나라고 했는데 조카 롯을 데리고 갔다. 흉년이 들자 약속의 땅인 가나안을 바로 떠났다. 목숨을 부지하기 위해 아내를 누이라고 속였다(창 12:13). 사라를 통해 아들을 주시겠다는 하나님의 약속을 의심했다. 결국은 하갈과 동침하여 이스마엘을 낳기까지 했다(창 16:16). 어떤 때는 하나님의 능력을 신뢰하지 않고 불안해하기도 했다(창15:1).

그럴 때마다 하나님께서 아브라함을 찾아오셨다. 거듭해서 약속하시고 아브라함을 격려하셨다. 믿음을 회복시켜 주셨다. 심지어 할례를 받게 해서 하나님께서 그와 함께 하며 그의 하나님이라는 사실을 확인 시켜주셨다(창 17:10). 아브라함이 이삭을 드릴 수 있었던 것은 이런 하나님의 열심 때문이다. 약속을 신실히 이루시는 우리 하나님께서 아브라함을 아브라함 되게 하셨다.

그가 본토 친척 아비 집인 갈대아 우르를 떠날 때도 하나님의 특별한 은혜가 있었다. 전능하신 하나님께서 친히 그에게 나타나셨다. 하나님의 영광을 보여주셨다(행 7:1). 아브라함에게 믿음을 주시고 담대함을 먼저 주셨다. 갈대아 우르를 미련 없이 떠날 수 있는 능력을 주셨다.

특히 창세기에 나오는 다른 인물들, 즉 이삭, 야곱, 요셉 등을 이해할 때도 원리는 마찬가지이다. 하나님께서 이미 하신 약속들을 이루기 위해서 그들을 부르시고 붙잡아 주신다. 그 결과 그들이 경건하게 살았다.

다윗의 경우도 그렇다. 다윗의 감동적인 모습 뒤에는 하나님께서 계셨다. 사무엘상서 16장 13절에 사무엘이 다윗에게 기름을 부었다. 그러자 성령님께서 다윗에게 임하셨다. 다윗이 골리앗을 넘어뜨린다(삼상 17:49). 다윗이 골리앗을 이긴 사건은 성령님께서 다윗에게 임하셨다는 것을 증명하는 사건이다.

성령님께서 임하셨다는 것을 증명하는 첫 번째 사건은 사무엘상서 16장 23절에 있다. "하나님께서 부리시는 악령이 사울에게 이를 때에 다윗이 수금을 들고 와서 손으로 탄즉 사울이 상쾌하여 낫고 악령이 그에게서 떠나더라." 고 했다.

골리앗을 이기는 사건은 두 번째 사건이다. 목동 다윗이 골리앗을 이긴다는 것은 불가능하다. 그것도 완전 무장한 장수의 이마에 물매 돌을 맞힌다는 것은 불가능한 일이다.

유대 랍비들이 이 장면을 연구하다가 결론이 나지 않자 이렇게 설명했다. '다윗과 골리앗이 대치하고 있을 때 골리앗의 머리 위로 희귀한 새 한 마리가 지나갔다. 골리앗이 그 새를 보려는 순간 투구가 벗겨졌다. 바로 그 때 다윗이 물매 돌을 던져서 이마에 맞혔다.'

그럴듯한 설명이다. 그러나 그렇지 않다. 하나님께서 그렇게 하셨다. 왕으로 기름부음을 받을 때에 임하신 성령님께서 하셨다.

그렇다. 다윗의 성공적인 모든 삶의 배경에는 임마누엘하시는 하나님이 계셨다. 시편 16편 7절부터 11절에서 다윗 자신이 그렇게 고백하고 있다. 그러므로 다윗을 높일 것이 아니라 다윗을 그렇게 만드신 하나님을 높여야 할 것이다.

삭개오의 헌신도 그렇다. 그가 새 사람으로 변화된 것은 재 창조자이신 예수님을 만났기 때문이다(눅 19:5).

삭개오가 어떤 사람이냐? 삭개오는 세리장이다. 당시의 세리는 창기와 같이 취급했다. 동족을 착취하는 나쁜 사람이었다. 도저히 구제받을 수 없는 인간이었다. 죄인 중에 괴수였다.

하지만 예수님께서 그를 부르셨고 그를 변화시키셨다. 그 결과 삭개오가 스스로 회개한다. 자신의 소유의 절반을 가난한 사람들에게 주겠다고 했다. 만일 누구의 것을 속여 빼앗은 일이 있으면 네 배로 갚겠다고 했다(눅 19:8).

삭개오에게 있어 재물은 생명과 같은 것이었다. 그럼에도 삭개오가 스스로 나누어 주겠다고 한다. 이런 일은 삭개오에게 있어 상상 할 수 없는 일이다. 삭개오가 새 사람이 된 것은 예수님의 은혜가 있었기 때문이다.

예수님의 제자들도 마찬가지이다. 그들이 어떤 사람들이었나? 일반인과 같이 평범함 사람들이었다. 예수님께서 십자가에서 죽으시자 모두 도망 간 사람들이다.

그러나 주님께서 그들을 놀라운 사람들로 만드셨다. 일생을 예수님께 드려 복음을 전하도록 하셨다. 죽음을 두려워하지 않고 담대하게 예수 그리스도의 복음을 전할 수 있도록 하셨다.

특히 히브리서 11장에 나오는 사람들에 대해서도 오해가 많다. 그들을 모두 믿음의 사람들이라고 칭찬한다. 심지어 어떤 설교자들은 이들을 믿음의 영웅들이라고 말한다. 완전히 틀린 표현은 아니다. 하지만 히브리서를 기록한 전체적인 배경을 이해하고 히브리서 10장 32절부터 39절을 참고하면 설명은 달라진다.

히브리서를 기록한 목적은 예수님을 믿다가 핍박을 받는 유대인 성도들을 격려하기 위해서다. 그들이 개종한 뒤 핍박이 오자 다시 유대교로 돌아가려고 한다. 그러자 사도는 유대교로 다시 돌아가지 말라, 고 한다. 그러면서 하나님께서 이미 주신 믿음이 어떤 것인지 설명한다. "우리는 뒤로 물러가 멸망할 자가 아니요 오직 구원함에 이르는 믿음을 가진 자니라."(히 10:39). 즉 우리가 예수님을 믿을 때 가진 그 믿음은 어떤 어려움도 이기고 구원받기에 넉넉한 믿음이라는 의미이다. 그러면서 '그 믿음' 으로 승리한 사람들을 예로 들고 있다. 그 내용이 바로 히브리서 11장의 내용이다.

그러므로 믿음의 사람들을 설명할 때 무조건 그들을 칭찬하는 것은 문제가 있다. 오히려 하나님께서 성도에게 주신 믿음이 어떤 것인지를 설명하면서 그들을 예로 들어야 좋을 것이다.

07

인물들의 감동적인 모습을 통해 삼위 하나님을 묵상한다.

우선 인물들의 훌륭한 모습을 관찰한다. 여기서 주의 할 것은 그 사람들의 그런 모습을 본받으려고만 하면 안 된다. 물론 가능하다. 그러나 계속 그렇게만 하면 본문을 인물 중심으로만 이해할 위험성이 있다.

설교 역시 윤리적이고 도덕적이 될 수 있다. 더 강조하면 결국 또 다른 율법이 되고 만다.

그렇게 하기 보다는 인물들의 훌륭한 모습에서 예수님의 모습을 찾는다. 그 인물들을 통해 그렇게 만들어 주신 하나님을 묵상한다. 혹은 예수님을 설명하는 징검다리로 삼는다. 즉 이삭이 아버지 아브라함의 말씀에 순종하는 모습에서 예수님께서 하나님의 말씀에 죽기까지 순종하시는 모습을 생각한다.

다윗의 세 용사가 목숨을 걸고 베들레헴 성문 곁에 있는 우물에서 물을 구하여 다윗에게 준다(삼하 23:17). 이 세 용사의 모습을 통하여 역시 예수님을 생각한다. 하나님을 기쁘시게 하기 위해서 자신의 몸을 드리시는 예수님의 모습을 생각한다.

압살롬을 사랑하는 다윗의 모습에서 우리를 사랑하셔서 그의 아들 예수 그리스도까지 아끼지 않으시는 하나님의 사랑을 묵상한다.

시므이를 용서하는 다윗의 모습에서 일흔 번씩 일곱 번이라도 용서하시는 예수님을 생각한다(마 18:22).

느헤미야는 기도로 시작하여 기도로 일을 마치는 기도의 사람이다(느 2:4). 그가 기도하는 모습을 관찰하면서 바로 예수님께서 그런 분임을 묵상하고 강조한다. 느헤미야가 예수님을 쏘옥 빼닮았다고 생각한다.

사실이 그렇다. 예수님께서는 매사를 기도로 시작하셨다(막 1:36). 바쁜 일상생활 가운데서도 틈을 내어서 기도하셨다. 예수님께서는 기도하는 것이 습관이 되어 있으셨다. 예수님께서 이렇게 기도하신 것은 아버지의 뜻을 이루기 위해서다(마 6:10). 기도가 바로 하나님께서 그의 나라를 경영하시는 도구이기 때문이다.

하나님께서는 성도들의 기도를 통해서 그의 나라를 진행하신다.

이스라엘 백성들이 출애굽 할 때도 먼저 기도가 있었다. 즉 그들이 부르짖을 때 하나님께서 출애굽을 시작하셨다(출 3:9).

사사시대를 끝내고 왕정시대를 시작하실 때도 기도가 있었다.

미미한 한 여인의 기도가 있었고 하나님께서 그 기도를 통해서 사무엘을 보내셨다(삼 1:20). 사무엘을 통하여 사울을 왕으로 세우셨다(삼 10:1).

느헤미야로 하여금 먼저 기도하게 하시고 그를 통하여 그 나라를 새롭게 하셨다(느 1:4).

성령님께서 임하시기 전에도 성도들로 하여금 열심히 기도하게 하셨다(행 1:14).

기도하는 베드로를 통하여 고넬료 가정으로 가서 복음을 전하게 하셨다(행 10:9).

안디옥교회 성도들이 금식하고 기도 할 때 성령님께서 세계 선교를 시작하신다. 즉 땅 끝까지 이르러 내 증인이 되리라는 말씀을 이루시기 위해 일을 시작하셨다(행 13:2-3).

따라서 사람들이 기도하는 모습을 볼 때 성도의 기도를 통해서 일하시는 하나님을 생각한다.

사람들이 고백하는 하나님에 대해서 묵상해도 된다. 사람들을 높이고 칭찬하는 것이 아니라 그 사람들이 말하는 삼위일체 하나님에 대해서 관심을 갖는다.

역대하 32장 1절 이하에서 히스기야가 앗수르 왕 산헤립과 싸운다. 그 때 히스기야의 용맹스러운 모습은 본받을 만하다. 칭찬할 만하다. 그러나 그가 말하는 하나님이 더 위대하시다. 그가 그렇게 할 수 있었던 이유도 그가 믿는 하나님 때문이었다. 하나님께서 어떤 분인지를 잘 알았기 때문이다.

"너희는 마음을 강하게 하며 담대히 하고 앗수르 왕과 그를 따르는 온 무리로 말미암아 두려워하지 말며 놀라지 말라. 우리와 함께 하시는 이가 그와 함께 하는 자보다 크니, 그와 함께 하는 자는 육신의 팔이요 우리와 함께 하시는 이는 우리의 하나님 여호와시라 반드시 우리를 도우시고 우리를 대신하여 싸우시리라." (대하 32:7-8)고 했다.

설교를 할 때도 이렇게 삼위일체 하나님을 설명하는 기회로 삼으면 인물 설교도 의의가 있다. 인물에 대해서도 공부하고 하나님에 대해서도 공부할 수 있다.

"만일 우리가 우리 죄를 자백하면 저는 미쁘시고 의로우사 우리 죄를 사하시며 모든 불의에서 우리를 깨끗케 하실 것이요."(요일 1:9).

08

하나님께서 '아브라함 때문에', '다윗 때문에' 복을 주신다고 하면, 우리에게는 '예수님 때문'이라고 생각한다.

하나님께서 어떤 사람에게 은혜를 베푸실 때 '아브라함 때문' 이라고 표현하는 경우가 있다. 이런 경우에는 예수님 때문에 우리가 하나님의 은혜를 받는 원리를 생각한다.

롯의 경우가 그렇다. 창세기 19장 29절에서 하나님께서 소돔 성과 고모라 성을 멸하실 때 롯을 그 성에서 내보내신다. 그렇게 하시는 이유를 "아브라함을 생각해서"라고 했다.

이런 원리는 오늘날 우리에게 그대로 적용된다. 하나님께서 세상을 심판하실 때에 예수 그리스도 때문에 우리를 심판에서 면제하신다. 우리도 심판받아 마땅하지만 예수님 때문에 그 심판에서 면제 받는 것이다.

창세기 28장 10절 이하에 보면 야곱이 도망을 가다가 벧엘에서 잠을 잔다. 그 밤에 하나님께서 나타나셔서 야곱에게 약속하신다. "내가 너와 함께 있어 네가 어디로 가든지 너를 지키며 너를 이끌어 이 땅으로 돌아오게 할지라. 내가 네게 허락한 것을 다 이루기까지 너를 떠나지 아니하리라."(창 28:15)고 하셨다. 너무나 은혜로운 약속이다. 소망이 넘치는 말씀이다.

그런데 하나님께서 야곱에게 그렇게 약속하시는 이유가 무엇일까? 야곱이 기도해서일까? 그렇지 않다. 기도한 적이 없다. 하나님께서 일방적으로 나타나셨다. 일방적으로 약속하셨다. 그렇게 하시는 이유는 역시 아브라함 때문이다. 야곱이 아브라함의 후손이기 때문이다.

창세기 28장 13절에서 하나님께서 자신을 소개하시기를 "아브라함의 하나님"이라고 하셨다. 이 말은 야곱이 아브라함과 맺은 언약의 자손이라는 것이다.

이후에도 야곱을 향한 하나님의 사랑과 보호는 계속된다. 외삼촌 라반으로부터 여러 가지 억울한 일을 당하지만 하나님께서 그럴 때마다 도우신다. 이십 년 동안 밀린 품삯을 받을 수 있도록 놀라운 방법을 가르쳐 주신다.

야곱이 버드나무와 신풍나무와 살구나무를 꺾어다가 껍질을 벗겨서 우물 앞에 세워둔다. 야곱은 튼튼한 암양들이면 그 앞을 지나가게 해서 얼룩얼룩한 새끼를 낳게 한다. 점이 있고 아롱진 새끼를 낳는다. 그러면 그것은 야곱의 것이 되는 것이다(창 30:42).

이렇게 하는 것이 상식적으로 이해가 되는 일이냐? 과학적으로 가능한 일이냐? 불가능하다. 그러나 야곱의 방법대로 그렇게 되었다. 하나님께서 야곱에게 복을 주시기 위해서 그렇게 비상간섭을 하신 것이다.

하나님께서 그렇게 하시는 근거가 무엇이냐 할 때? 야곱 편에서 볼 때는 아무것도 없다. 그것 역시 언약의 조상 아브라함 때문이다. "내가 내 언약을 나와 너 및 네 대대 후손 사이에 세워서 영원한 언약을 삼고 너와 네 후손의 하나님이 되리라."(창 17:7)고 하신 아브라함과 맺은 그 약속 때문이다.

이런 모습을 보면 바로 예수님을 생각한다. 예수님을 통해서 우리도 하나님과 새 언약을 맺었다. 그래서 우리는 믿음과 인격이 부족해도 예수님 때문에 복을 받는다. 예수님 때문에 영생을 얻었다. 인도받고 보호 받는다. 예수님의 이름으로 기도응답을 받는다. 영육 간에 치유를 받는다. 그러므로 본문이 구약일 경우에는 이런 원리를 기억하고 반드시 예수님을 생각해야 한다. 그렇게 하지 않으면 유대인들이 성경을 읽는 방법과 같게 된다.

'다윗 때문에'

열왕기하 8장에 여호람이 유다의 왕이 되는 장면이 있다. 그는 예루살렘에서 팔 년 동안 통치했다. 그러나 그가 악한 왕의 대표자인 아합의 딸과 결혼한다. 아합의 악한 행동을 본받는다. 여호와 보시기에 악을 행하였다. 심판받을 위기에 놓였다. 19절에 보면 "여호와께서 그의 종 다윗을 위하여 유다 멸하기를 즐겨하지 아니하셨으니 이는 그와 그의 자손에게 항상 등불을 주겠다고 말씀하셨음이더라." 고 했다. 즉 다윗과 맺은 언약 때문에 심판을 유보하신다.

사무엘하 7장 14절부터 16절에서 하나님께서 다윗에게 약속한 언약이 있다. "나는 그에게 아버지가 되고 그는 내게 아들이 되리니 그가 만일 죄를 범하면 내가 사람의 매와 인생의 채찍으로 징계하려니와, 내가 네 앞에서 물러나게 한 사울에게서 내 은총을 빼앗은 것처럼 그에게서 빼앗지는 아니하리라. 네 집과 네 나라가 내 앞에서 영원히 보전되고 네 왕위가 영원히 견고하리라 하셨다 하라." 고 하셨다.

이 언약 역시 하나님께서 일방적으로 체결하셨다. 아브라함과 계약을 맺는 원리와 동일하다. 특히 다윗과 맺은 언약은 그의 후손을 계속 왕으로 삼아 주시겠다는 약속이다. 바로 이 약속 때문에 여호람이 구제받는다. 여호람은 문제가 많았지만 하나님께서 다윗과 맺은 그 언약 때문에 용서 받는다.

이런 경우도 역시 예수님을 생각한다. 우리도 여호람과 같이 문제가 많다. 벌을 받아야 마땅할 때가 있다. 그럼에도 여전히 우리를 사랑하시는 이유는 예수 그리스도께서 우리를 위하여 대신 심판받으시고 새 언약을 체결하셨기 때문이다.

그래서 예수 그리스도를 믿는 성도들은 예수님 때문에 더 이상 심판이 없다. 지옥형벌에서 면제받는다. 혹 죄를 짓는다하더라도 회개할 기회를 주신다. 말씀을 통해서 회개하도록 책망하시고 권고하신다. 결국은 회개하게 하시고 회개하면 용서해주신다.

09

구약 성경에서 언약을 맺는 것을 보면 새 언약을 생각한다.

모세가 죽은 뒤 여호수아가 지도자가 되었다. 하나님께서 여호수아에게 부탁하신다. 마음을 강하게 하고 담대히 하라, 주님의 말씀을 네 입에서 떠나게 말고 작은 소리로 읽어라, 그리고 주야로 주의 말씀을 묵상하라, 그리하면 네 길이 평탄하게 될 것이고, 네가 형통하게 될 것이라고 하셨다(수 1:8).

이 말씀은 신명기 17장 18절 이하의 말씀과 동일하다. 왕이 되면 성경을 복사해서 옆에 두고 평생 읽으라고 하셨다.

여호수아는 그 말씀을 그대로 순종했다. 그러자 하나님께서 은혜를 주셔서 요단강을 잘 건넜다. 보리를 추수할 때라 요단강의 수위가 가장 높은 때임에도 간단하게 건넜다. 법궤를 멘 제사장들이 요단강에 발을 잠그자 강이 갈라졌다. 마치 모세가 홍해를 건너듯이 건넜다. 견고한 여리고 성을 간단하게 정복했다. 화살 하나 쏘지 않고 정복했다.

불순종하자 아이 성에서는 여지없이 패배했다. 그러나 회개하고 순종하자 아이 성도 정복했다. 파죽지세로 가나안을 정복해 나갔다. 왜냐하면 하나님께서 이미 그들을 여호수아에게 붙여주셨기 때문이다(수 1:3-4절).

여호수아서를 읽을 때 이 사실을 아는 것이 중요하다. 하나님께서 가나안 땅을 이스라엘 백성에게 이미 주셨다는 것이다. 아브라함 때 이미 약속하셨다는 사실을 이해해야 한다(창 12:1).

여호수아 9장 1절에 가나안에 살고 있는 왕들이 이스라엘을 두려워한다. 헷 사람들; 아모리 사람들, 가나안 사람들, 브리스 사람들, 히위 사람들이다. 여부스 사람들이다. 가나안에 살고 있는 부족들이다. 모든 왕이 이 소식을 들었다. 왕들이 함께 모여서 회의를 한다. 연합하여 여호수아와 이스라엘에 맞서서 싸우기로 한다.

그 중에 히위 족속인 기브온 사람들은 생각이 달랐다. 여호수아를 속이기로 한다. 싸워봐야 승산이 없는 전쟁이라고 생각한 것이다. 그들이 이렇게 말한다. '이스라엘은 여호와의 군대다. 칼과 창으로 싸우는 자들이 아니다, 여호와의 이름으로 싸우는 자들이다. 하나님이 우레와 왕벌을 보내서 그들의 대적들을 물리친다. 출애굽 할 때 이야기 듣지 못했냐? 요단강을 건널 때 이야기 듣지 못했냐? 여리고 성과 아이 성 전투 이야기 듣지 않았냐? 싸워봐야 승산이 없다. 하나님을 어떻게 이기겠나? 등등의 이야기를 한다.

그래서 여호수아를 속여서 조약을 맺기로 한다. 대표를 뽑아서 보낸다. 낡은 부대와 해어지고 터져서 기운 가죽 포도주 부대를 나귀에 싣는다. 낡아서 기운 신을 신는다. 낡은 옷을 입는다. 마르고 곰팡이 난 빵을 준비해서 여호수아가 있는 길갈로 간다.

여호수아와 이스라엘 사람들에게 말한다. '우리는 먼 곳에서 왔습니다. 우리는 가나안에 사는 사람들이 아니요. 이제 우리와 조약을 맺어 주시오.'

이스라엘 사람들이 그들에게 말하기를, '당신들은 우리 근처에 사는 듯한데, 어떻게 우리가 당신들과 조약을 맺을 수 있겠소?'

그들이 여호수아에게 말한다. 그러면 '우리를 종으로 삼아 주시오. 심부름도 하고 농사도 짓고 양도 치겠습니다.'

여호수아가 그들에게 물었다. '당신들은 도대체 누구요? 어디에서 왔소?' 그들이 여호수아에게 대답한다. '종들은 주 하나님의 명성을 듣고서, 아주 먼 곳에서 왔습니다. 우리는 하나님께서 애굽에서 하신 모든 일을 들었습니다. 하나님께서 요단 강 동쪽 아모리 사람의 두 왕 에게 하신 일도 모두 들었습니다. 우리 땅에 살고 있는 장로들과 모든 주민이 우리를 이리로 보냈습니다. 우리 기브온 주민은, 이스라엘의 종이 될 각오가 되어 있습니다. 우리와 평화 조약을 맺어 주십시오.'

먼 곳에서 왔다는 증거물을 제시한다. '우리가 가져 온 이 빵을 보십시오, 우리가 이리로 오려고 길을 떠나던 날, 집에서 이

빵을 쌀 때만 하더라도 이 빵은 따뜻했습니다. 보십시오, 지금은 말랐고, 곰팡이가 났습니다. 우리가 포도주를 담은 이 가죽부대도 본래는 새것이었습니다. 그런데 보십시오, 낡아서 찢어졌습니다. 우리의 옷과 신도 먼 길을 오는 동안 이렇게 낡아서 해어졌습니다.'

여호수아와 이스라엘 족장들은 기도하지 않고 결정한다. 어떻게 해야 할지를 하나님께 묻지도 않고 그들이 가져 온 양식을 넘겨받았다. 여호수아는 그들을 살려준다는 조약을 맺는다. 회중의 지도자들은 그 조약을 지키기로 엄숙히 맹세한다.

이스라엘 자손은 기브온 사람들을 보려고 그들이 살고 있는 곳으로 갔다. 그런데 사흘 만에 기브온 사람들을 만났다. 그러자 온 회중이 지도자들을 원망한다. 왜 가나안에 사는 사람들을 살려주었느냐며 비난한다.

그러자 지도자들이 회중을 설득한다. 우리가 하나님의 이름을 두고 이미 그들에게 맹세했다. 그러니 그들을 해칠 수 없고, 그들을 살려 주어야 한다고 설득한다. 만약 우리가 그 언약을 어기면 하나님의 진노가 우리에게 내릴 것이라고 말한다. 여기서 진노는 죽음을 의미한다.

창세기 15장에 보면 하나님께서 아브라함과 언약을 맺으신다. 삼 년 된 암소와 삼 년 된 암염소와 삼 년 된 수양을 쪼갠다. 언약을 어기면 짐승처럼 쪼개진다는 의미이다. 언약을 파기하면 죽음이라는 의미다.

해가 져서 어두울 때 연기 나는 화로가 보이고 횃불이 쪼갠 짐승 사이로 지나간다(창 15:17). 언약을 어기면 하나님께서 친히 책임을 담당하시겠다는 의미이다. 즉 하나님 자신이 짐승과 같이 몸이 쪼개지시겠다는 것이다. 예수님의 몸이 쪼개질 것이 암시되고 있다.

여호수아가 기브온 사람들에게 말한다. '당신들은 우리 가까이에 살면서, 어찌하여 아주 멀리서 왔다고 말하여 우리를 속였소? 당신들이 우리를 속였기 때문에 당신들은 저주를 받아 마땅하오. 그러니 영원히 종이 되어야 하오. 우리 하나님의 집에서 나무를 패고 물을 긷는 일을 하게 될 것이오.'

그들이 여호수아에게 대답한다. '우리가 그렇게 속일 수밖에 없었던 것은, 주 하나님께서 그의 종 모세에게 명하신 것이 참으로 사실임을 우리가 알았기 때문입니다. 하나님께서 이 땅을 다 이스라엘 사람에게 주라고 명하셨다는 것을 들었습니다. 이 땅에 사는 모든 사람을 다 죽이라고 명하셨다는 것도 들어서 알았습니다. 그래서 방법이 없어서 이렇게 했습니다. 처분만을 기다리겠습니다.'

기브온 사람들은 결국 생명을 얻게 되었다. 이스라엘 백성들과 함께 가나안 땅에서 살게 되었다.

우리는 여기서 중요한 하나님 나라의 원리를 발견한다. 비록 이방인이라 할지라도 언약을 통하여 하나님 나라에서 살 수 있고, 생명을 얻을 수 있다는 것이다.

우리가 생명을 얻고 구원받은 것도 같은 원리이다. 우리 역시 신분적으로는 이방인이다. 기브온 사람들과 마찬가지이다. 그런데 예수님을 통하여 맺은 새 언약 때문에 하나님의 자녀가 되었다. 천국 시민이 되었다. 영적으로 아브라함의 후손이 되었다(갈 3:39). 예수님의 이름을 믿는 자들에게는 하나님의 자녀가 되는 권세를 주신다고 했다(요 1:12).

에베소서 2장 1절에서 허물과 죄로 죽었던 우리라고 했다. 허물과 죄는 원죄와 자범죄라고 할 수 있다. 성경에서 '죽음'은 분리된다는 의미이다. 영적인 죽음은 하나님과 분리되어 교제가 단절되는 것을 말한다. 육체적인 죽음은 영혼과 육체가 분리되는 것을 말한다. 그런데 예수 그리스도를 통하여 하나님과 관계가 회복되었다. 생명을 얻었다. 이를 두고 새 생명이라고 한다.

예수님을 믿기 전에 우리는 죄 가운데서 행하며 이 세상 풍조를 따랐다. 공중의 권세 잡은 자를 따랐다(엡 2:2). 공중의 권세 잡은 자가 누구냐 할 때? 지금 불순종의 아들들 가운데서 역사하는 영이다. 바로 그 영에서 해방되었다. 예수님께서 오셔서 마귀의 머리를 상하게 하시고 우리를 구원하셨다.

그 때 우리는 육체의 욕심을 따라 지내며 육체와 마음의 원하는 것을 하여 다른 이들과 같이 본질상 진노의 자녀이었다(엡 2:3). 하나님의 저주와 심판을 받아 지옥가야 마땅한 존재였다. 가나안 족속들과 같이 진멸의 대상이었다. 그러나 긍휼이 풍성하신 하나님께서 우리를 사랑하신 그 큰 사랑을 인하여 구원하셨다. 허물로 죽은 우리를 그리스도와 함께 살리셨다. 그리스도와 함께 일으키셨고, 그리스도 예수 안에서 함께 하늘에 앉히셨다(엡 2:6).

여호수아 10장 1절에 보면, 예루살렘 왕 아도니세덱이 여호수아가 여리고 성을 정복하고 아이 성을 점령했다는 소식을 들었다. 또 기브온 주민이 이스라엘과 화친하고 그들과 함께 살고 있다는 소식을 듣는다. 그가 몹시 놀랐다. 왜냐하면 기브온은 큰 성읍이며 주민들은 모두 용맹한 전사들이기 때문이다. 그런 그들이 화살 한 번 쏴보지 못하고 굴복했기 때문이다.

예루살렘 왕 아도니세덱이 헤브론 왕과 야르뭇 왕, 라기스 왕, 에글론 왕에게 전갈을 보냈다. '내게로 와서, 나를 도와주십시오. 우리가 함께 기브온을 칩시다. 기브온이 여호수아와 이스라엘 자손과 화친하였다고 합니다.' 라고 했다.

아모리 족속의 다섯 왕이 연합군을 꾸린다. 그들의 모든 군대를 거느리고 올라와서, 기브온을 공격하려고 한다.

기브온 사람들이 놀랐다. 길갈에 있는 여호수아에게 즉시 전갈을 보냈다. '이 종들을 버리지 마십시오. 속히 우리에게로 와서 우리를 구원하여 주십시오. 우리를 도와주십시오. 산간지방에 거주하는 아모리 왕들이 연합군을 이끌고 우리를 공격하였습니다.'

이 말을 들은 여호수아는 즉시 군대를 이끌고, 밤새 기브온으로 올라갔다. 그 때에 하나님께서 여호수아에게 나타나셔서 말씀하셨다. "그들을 두려워하지 말아라. 내가 그들을 너의 손에 넘겨주었다. 그들 가운데서 한 사람도 너를 당할 수 없을 것이다."(수

10:8). 기브온과 한 언약을 지키도록 하나님께서 도우신다. 이것 역시 언약의 한 특징이다.

여호수아의 군대는 밤새도록 진군하여 기습작전을 폈다. 하나님께서 이스라엘 군대 앞에서 그들을 혼란에 빠지게 하셨다. 그들이 도망하여 갈 때 하나님께서 하늘에서 그들에게 큰 우박을 내리셨다. 많은 사람이 죽었다. 우박으로 죽은 자가 이스라엘 자손의 칼에 찔려서 죽은 자보다 더 많았다.

전쟁이 한창인데 날이 저물려고 한다. 여호수아가 기도한다. 아니 그냥 외쳤다. "태양아, 기브온 위에 머물러라! 달아, 아얄론 골짜기에 머물러라."(수 10:12). 놀라운 것은 이스라엘이 그 원수들을 정복할 때까지 태양이 멈추고, 달이 멈추어 섰다.

하나님께서 사람의 목소리를 이 날처럼 이렇게 들어주신 일은, 전에도 없었고 뒤에도 없었다고 했다(수 10:14). 하나님께서는 이처럼 이스라엘의 편을 들어 싸우셨다. 여호수아는 그들을 크게 무찔러 승리했다.

여호수아가 이렇게 기브온을 돕는 이유가 무엇이냐? 아니 하나님까지 나서서 이렇게 싸우시는 이유가 무엇이냐 할 때? 그들과 더불어 맺은 언약 때문이다. 다른 이유는 없다.

우리도 마찬가지이다. 하나님께서 우리를 지키시고 함께 하시는 이유가 뭐냐? 새 언약의 실체가 되신 예수 그리스도 때문이다.

"아무 것도 염려하지 말고 오직 모든 일에 기도와 간구로, 너희 구할 것을 감사함으로 하나님께 아뢰라."(빌 4:6)고 했다. 이렇게 기도할 때 응답을 해주시는 이유가 뭐냐? 세상 끝날 까지 항상 너희와 함께 하시리라고 한 이유가 뭐냐? 예수 그리스도 때문이다. 다른 이유가 없다. 예수 그리스도께서 우리를 위해서 죽어 주셨기 때문이다.

그렇다. 기독교는 예수 그리스도가 없으면 존재할 수 없다. 에베소서 1장 3절에서 14절까지, 각 구절 마다 "그리스도 안에서"라는 표현이 있다. "창세전에 그리스도 안에서 우리를 택하시고, 그 기쁘신 뜻대로 우리를 예정하사 예수 그리스도로 말미암아 자기의 아들들이 되게 하셨다"고 했다. "그리스도 안에서 그의 은혜의 풍성함을 따라 그의 피로 말미암아 속량 곧 죄 사함을 받았다."고 했다.

로마서 8장 1절부터 2절에 "그러므로 이제 그리스도 예수 안에 있는 자에게는 결코 정죄함이 없나니, 이는 그리스도 예수 안에 있는 생명의 성령의 법이 죄와 사망의 법에서 너를 해방하였음이라."고 했다.

"그런즉 이 일에 대하여 우리가 무슨 말 하리요 만일 하나님이 우리를 위하시면 누가 우리를 대적하리요. 자기 아들을 아끼지 아니하시고 우리 모든 사람을 위하여 내주신 이가 어찌 그 아들과 함께 모든 것을 우리에게 주시지 아니하겠느냐. 누가 능히 하나님께서 택하신 자들을 고발하리요 의롭다 하신 이는 하나님이시니, 누가 정죄하리요 죽으실 뿐 아니라 다시 살아나신 이는 그리스도 예수시니 그는 하나님 우편에 계신 자요 우리를 위하여 간구하시는 자시니라. 누가 우리를 그리스도의 사랑에서 끊으리요 환난이나 곤고나 박해나 기근이나 적신이나 위험이나 칼이랴. 기록된바 우리가 종일 주를 위하여 죽임을 당하게 되며 도살당할 양 같이 여김을 받았나이다 함과 같으니라. 그러나 이 모든 일에 우리를 사랑하시는 이로 말미암아 우리가 넉넉히 이기느니라."(롬 8:31-37)라고 했다. 이것이 새 언약되신 예수 그리스도 안에 있는 자가 받는 복이다.

"여호와는 나의 목자시니 내가 부족함이 없으리로다. 그가 나를 푸른 초장에 누이시며 쉴만한 물가로 인도하시는도다. 내 영혼을 소생시키시고 자기 이름을 위하여 의의 길로 인도하시는도다."(시 23:1–2).

10

약속을 설명하는 사건들을 통해서 복음의 원리를 배운다.

다윗이 왕이 된 뒤에 사울의 가족들을 찾는다(삼하 9:1). 정확하게 말하면 사울의 아들인 요나단의 가족들을 찾는다. 다윗이 시바를 부른다. 시바는 사울의 종이다. 다윗이 그에게 사울의 집에 아직도 남은 사람이 있느냐고 물어 본다. 요나단의 가족들에게 하나님의 은총을 베풀기 위해서다.

시바가 대답하기를 요나단의 아들 하나가 있는데 다리를 저는 자라고 했다. 다윗 왕이 사람을 보내어 므비보셋을 왕궁으로 데려온다. 당시에 왕궁에는 다리를 저는 자나 신체에 심각한 장애가 있는 자는 들어갈 수 없었다. 왕궁의 권위를 위해서다.

요나단의 아들 므비보셋이 다윗에게 나아와 그 앞에 엎드려 절한다. 이 모습은 성도가 하나님께 절하는 모습을 생각나게 한다.

다윗이 "므비보셋이여" 하고 정답게 부른다. 예수님도 우리를 이렇게 부르신다.

다윗이 므비보셋에게 말한다. "무서워하지 말라. 내가 네 할아버지 사울의 모든 밭을 다 네게 주겠다. 또 너는 항상 내 상에서 떡을 먹을 것이라."(삼하 9:10). 므비보셋은 왕자처럼 매일 왕의 상에서 음식을 먹었다.

놀라운 일이다. 대적의 후손이 왕과 함께 왕궁에 산다. 단순히 예루살렘 성중에 사는 것이 아니다. 왕이 사는 왕궁에 산다. 그 정도만 아니라 왕과 함께 날마다 식사를 한다. 왕자처럼 왕의 상에서 먹는다. 있을 수 없는 일이다. 이 모습은 성도가 예수님과 함께 누리는 모습을 상징한다. 그리스도인이 되면 어떤 신분의 사람이 되는지를 예표 한다.

그렇다. 예수님을 믿으면 왕이신 하나님과 함께 한다. 예배를 통하여 예수님과 더불어 식탁을 같이 한다. 성찬식을 통하여 같이 한다. 이 모습은 궁극적으로 성도가 천국에서 누릴 모습을 예표 한다.

그러면 므비보셋이 이런 복을 누리는 그 이유가 무엇이냐 할 때? 그 이유는 없다. 므비보셋이 한 일은 아무것도 없다. 두 발을 저는 그가 다윗 왕을 위해서 할 수 있는 일이라고는 사실상 아무것도 없었다.

다윗이 그렇게 한 이유를 이렇게 설명한다. "내가 반드시 네 아버지 요나단으로 말미암아 네게 은총을 베풀리라.(삼하 9:7)" 그의 아버지인 요나단 때문에 은혜를 베푼다는 것이다. 그가 비록 대적의 손자이지만 요나단 때문에 복을 준다는 것이다. 예수님 때문에 죄인인 우리가 하나님께로부터 복을 받는 것과 같은 원리이다.

그러면 다윗과 요나단 사이에 어떤 일이 있었느냐 할 때? 사무엘상 18장 3절 이하에서 이렇게 설명한다. "요나단은 다윗을 자기 생명 같이 사랑하여 더불어 언약을 맺었으며"라고 했다. 그 증거로 요나단이 자기가 입었던 겉옷을 벗어 다윗에게 주었다. 심지어 자기의 군복과 칼과 활과 띠도 준다(삼상 18:4).

다윗이 므비보셋을 후대하는 이유는? 그의 아버지 요나단과 언약을 맺었기 때문이다. 다른 이유가 없다. 다윗이 왕이 되면 요나단의 가족들을 보호하겠다는 언약 때문이다.

이 사건은 새 언약을 설명하는 중요한 사건이다. 하나님께서 예수님을 통하여 우리와 새 언약을 맺으셨다. 예수님을 영접하는 자는 하나님의 아들이 되는 권세를 주신다고 약속했다(요 1:12). 전능하신 하나님께서 우리의 아버지가 되시고 우리는 그의 자녀가 된다는 말이다. 이것이 새 언약이고 이 사건은 바로 이 새 언약을 설명한다.

"또 저희 죄와 저희 불법을 내가 다시 기억치 아니하리라 하셨으니"(히 10:17).
"동이 서에서 먼 것 같이 우리 죄과를 우리에게서 멀리 옮기셨으며"(시 103:12).

11

성경 각권의 주제를 따라 읽어야 한다.

특히 다니엘서가 그렇다. 다니엘서의 주제는 '영원한 하나님의 나라'이다. 하나님의 나라는 세상 나라처럼 쇠하거나 망하는 그런 나라가 아니라는 의미이다.

따라서 다니엘을 비롯하여 그의 세 친구에 관한 기사를 읽을 때에도 반드시 이 주제를 생각하며 읽어야 한다. 그렇게 하지 않으면 인물들의 전기를 읽는 것처럼 읽게 되고 결국 다니엘서의 주제를 놓치게 된다.

하나님의 나라라고 할 수 있는 이스라엘이 주전 586년에 바벨론에 의해 망했다. 하나님의 성전도 무너졌다. 성전은 하나님의 임재의 상징이다. 그래서 사람들이 하나님나라가 망했다고 한다. 이방인은 말할 것도 없고 심지어 언약의 백성들마저도 조롱했다. 잘 믿는 성도들마저도 하나님 나라가 끝났다고 탄식하고 절망했다.

바로 그 때 영원히 망하지 않으시는 하나님께서 일을 시작하신다. 실패함이 없으신 하나님께서 그의 때에 그의 방법으로 그의 일을 시작하신다.

하나님께서 어떤 일을 시작하시느냐 할 때? 느부갓네살로 하여금 한 꿈을 꾸게 하신다. 느부갓네살이 꿈을 꾸고 그로 인해 마음이 번민하여 잠을 이루지 못하게 하신다(단2:1).

느부갓네살 왕이 꿈을 해석하기 위해서 박수와 술객과 점쟁이와 술사를 부른다. 박사와 술사들에게 그가 꾼 꿈과 그 해석을 보이면 선물과 상과 큰 영광을 주겠다고 한다. 그가 꾼 꿈을 말하고 해석하지 못하면 그들의 몸을 쪼갤 것이며 그들의 집을 거름더미로 삼을 것이라고 했다(단 2:5-6절).

다니엘과 그의 세 친구도 같은 처지가 되었다. 그러나 다니엘은 조금도 두려워하지 않는다. 세 친구에게 기도를 부탁하고 기도한다. 하나님께서 다니엘과 그의 친구들의 기도를 들으시고 응답하셨다. 다니엘은 받은 그 응답을 느부갓네살에게 낱낱이 이야기 한다. 그 내용이 다니엘 2장 31절에서 45절에 있다.

다니엘로부터 설명을 들은 느부갓네살 왕의 반응이 46절이다. "느부갓네살 왕이 엎드려 다니엘에게 절하고, 명하여 예물과 향품을 그에게 드리게 하니라."

누가 누구에게 절을 하느냐? 느부갓네살 왕이 다니엘에게 절한다. 바벨론 왕이 그의 신하 다니엘에게 절을 한다.

어떻게 절하느냐? 엎드려 절한다. 절만 하느냐? 예물과 향품을 드린다. 마치 제사를 지내는 행위와 같다. 자기가 믿는 신에게 하는 행위와 같다.

여기 다니엘은 승리하실 예수 그리스도를 상징한다. 어떤 왕과 세력도 이기실 예수 그리스도를, 죄와 마귀의 세력을 이기실 그리스도를 상징한다.

더 나아가 세상을 이길 그리스도인을 상징한다. 바로 성도들을 상징한다. 느부갓네살은 머리가 깨어질 마귀의 세력을 의미한다. 그의 사자들과 종들을 상징하고 세상나라를 상징한다.

느부갓네살이 뭐라고 하느냐 하면? 다니엘 2장 47절에서 "너희 하나님은 참으로 모든 신의 신이시오, 모든 왕의 주재 시로다."라고 한다. 너의 하나님 여호와는 모든 신들을 다스리는 신이며, 모든 왕들을 통치하시는 신이시고, 왕을 세우기도 하시고 폐하기도 하시는 분이라는 의미다.

그런데 이런 일이 어디에서 벌어지고 있느냐하면? 느부갓네살 왕의 궁중에서다. 그 나라의 중심부요 심장인 궁중에서다.

어떤 시절이냐 라고 할 때? 하나님이 없다하는 그 시대다. 하나님의 사람들마저도 변절하던 시대다. 이구동성으로 하나님의 나라가 끝났다고 조롱하던 그 시대다. 바로 그 때에 세상 나라가 하나님 나라에 굴복하고 있다. 너무나 통쾌한 일이다. 유쾌하고 멋있다.

이런 일이 어쩌다가 한 번만 있는 것이 아니다. 다니엘 4장 3절에서 "크도다 그 이적이여 능하도다 그 기사여 그 나라는 영영한 나라요 그 권병은 대대에 이르리로다."라고 했다.

다니엘 6장 26절에서 "그는 사시는 하나님이시요 영원히 변치 않으실 자시며 그 나라는 망하지 아니할 것이요 그 권세는 무궁할 것이라."고 했다. 다니엘서 7장까지 각 장마다 하나님께서 승리하시는 장면이 있다.

다니엘서가 어떤 책이냐 할 때? 한마디로 요약하면! 승리하시는 하나님, 세상을 이기시는 하나님의 증거 록이다. 하나님 나라는 망하지 아니하고 쇠하지 않는 나라임을 증명한다. 어떤 시대에도 누구에 의해서도 멸망당하지 않는 영원한 나라임을 말한다.

뿐만 아니라 죽음을 이기시는 예수 그리스도에 대한 사실을 예표 적으로 기록하고 있다. 모든 낭패를 이기시고 승리하시는 그리스도에 대해서 기록한다. 사망과 지옥 권세를 이기시고 부활하실 우리 구주 예수 그리스도를 미리 알려주고 있다.

그렇다. 하나님 나라는 영원하다. 흔들림이 없다. 사람들이 보기에는 미미해 보여도 결코 소멸되거나 없어지지 않는다. 왜냐하면 그 나라를 움직이는 분이 영원하신 하나님이시기 때문이다. 어제나 오늘이나 영원히 변함이 없으신 예수 그리스도이시기 때문이다.

하나님 나라는 하나님의 열정으로 이뤄진다. 하나님 나라는 겨자씨 같이 작아 보여도 그 안에는 생명이 있다. 점점 자라서 큰 나무가 된다. 많은 새들이 깃을 들일 만큼 큰 나무로 자라간다. 하나님께서는 지금도 계속 그의 나라를 새롭게 단장해나가고 계신다.

빛으로 가득한 나라가 되도록, 보시기에 심히 좋은 상태가 되도록, 영광의 새 하늘 새 땅이 되도록 단장하고 계신다.

사도행전은 성령님의 사역 중심으로 읽어야 한다.

사도행전이라는 뜻은, 사도들이 복음을 전한 행적을 기록한 전기라는 의미다. 그러나 엄밀히 말하면, 사도행전은 예수님께서 약속하신 사도행전 1장 8절, "오직 성령이 너희에게 임하시면 너희가 권능을 받고 예루살렘과 온 유대와 사마리아와 땅 끝까지 이르러 내 증인이 되리라 하시니라"는 말씀을 성령님께서 신실히 이루시는 과정을 기록한 전기이다. 즉 성령행전이다.

스데반의 순교도 이런 관점에서 읽어야 한다. 오순절에 임하신 성령님께서 스데반에게 은혜를 주셨다. 권능을 충만히 주셨다. 스데반이 회당에서 복음을 전하자 변론이 일어났다(행 7:9).

그 때 성령님께서 임하셔서 스데반에게 지혜를 주셨다. 솔로몬에게 주셨던 그런 지혜를 주셨다. 그러자 유대인들이 스데반을 당하지 못한다.

스데반이 유대인들에게 너희들과 너희 조상들이 우리의 구원자 그 예수를 죽였다고 한다. 가슴이 섬뜩한 선포다. 성령님께서 임하시자 스데반이 담대하게 복음을 전한다.

복음을 들은 유대인들의 마음이 찔렸다. 마음이 찔렸다는 말은 그 말이 옳다는 의미다. 그런데 그들이 스데반을 향하여 이를 간다. 복음을 받아드리지 않고 오히려 이를 갈고 있다. 살벌한 분위기가 되었다. 군사적인 용어로 말하면 전운이 감도는 그런 긴박한 상황이다.

군중들이 이를 갈 때 스데반에게 어떤 일이 있었느냐 하면? 성령님께서 스데반에게 충만히 임하셨다. 복음을 전하는 스데반에게 성령님께서 임하셔서 스데반을 꼭 붙잡으셨다. 스데반이 성령님을 잡은 것이 아니라 보혜사 성령님께서 스데반을 잡으셨다.

스데반이 원수들을 보고 두려워하지 않도록 하늘을 주목하게 하셨다. 원망하거나 탄식하지 않도록, 땅을 보고 낙심하지 않도록, 하늘을 우러러보게 하셨다(행 7:55). 이것이 성령님께서 하시는 중요한 사역이다. 성령님은 하늘을 쳐다보게 하시는 분이시다. 실망스러운 환경을 보지 않고 하늘의 소망을 갖도록 이끌어주는 분이시다.

세상은 언제나 낙심스러운 것으로 가득하다. 우리를 좌절하게 하는 일이 많다. 모자람이 있다. 귀찮은 일들이 있다. 두려운 것이 있다. 그렇다고 이것을 외면하고 살 수는 없다. 항상 만나며 살아야 한다. 그러니 세상살이가 피곤 할 때가 많다.

성령님은 그런 세상에서 우리로 하여금 하늘을 소망하게 하신다. 땅의 것을 보고 낙심하지 않도록 영원을 바라보게 하신다. 그래서 소망 중에 인내하게 하신다.

그뿐 아니다. 성령님께서 스데반에게 하나님의 영광을 보여주셨다. 은혜가 충만한 주님의 영광을 보여주셨다. 죄나 어두움이 전혀 없는 하나님의 영광이다.

성도들에게 가장 귀한 것은 역시 하나님의 영광을 경험하는 것이다. 왜냐하면 우리 영혼이 주의 영광을 보면 힘을 얻고 소망을 얻고 능력을 얻기 때문이다.

그러나 그 영광은 누구나 볼 수 없다. 보고 싶다고 쉽게 볼 수 없다. 그런데 성령님께서 바로 그 영광을 스데반에게 보여주셨다.

그 정도에서 끝나는 것이 아니다. 하나님의 우편 보좌에서 벌떡 일어서신 예수님을 보여주셨다. 예수님께서 하나님 우편에 서계신 것을 보여주셨다.

그러자 스데반은 그 살벌한 상황 가운데서 조금도 요동하지 않는다. 불안해하거나 두려워하지 않는다. 오히려 스데반이 이렇게 말한다. "보라, 하늘이 열리고 인자가 하나님 우편에 서신 것을 보노라."(행 7:56).

이것이 성령님이 임하실 때 일어나는 또 다른 기적이다. 성경은 이런 현상을 두고 "성령 충만"이라고 표현했다(행7:55).

유대인들이 큰 소리를 지르며 귀를 막고 일심으로 스데반에게 달려들었다(행 7:57). 마치 맹수가 먹이를 향하여 달려들 듯이 달려들었다. 스데반을 성 밖에 내치고 돌로 쳤다.

성 밖에 내치고 돌로 치는 이유는 스데반이 하나님을 모독했다고 생각하기 때문이다. 하나님을 모독한 자는 저주를 받아 구원을 받지 못한다는 뜻에서 그렇게 했다. 주님을 영문 밖에서 죽인 것도 바로 이런 이유 때문이다.

스데반은 돌에 맞아서 피투성이가 되는 수난을 당한다. 얼굴에는 유혈이 낭자하고 머리는 터져서 붉은 피로 뒤범벅이 되었다. 정신을 차릴 수 없는 그런 상황이 되었다.

그 때 성령님께서 스데반을 꼭 붙잡아 주신다. 이런 기도를 하게 하신다. "주 예수여 내 영혼을 받으시옵소서."(행 7:59). "주여 이 죄를 저들에게 돌리지 마옵소서."(행 7:60). 예수님께서 십자가 위에서 하셨던 그 기도를 그대로 하고 있다.

그것도 무릎을 꿇고 큰 소리로 기도한다. 정말 멋진 기도를 한다. 사도 바울은 스데반의 이 기도를 통해서 구원받은 사람이다.

이런 상황에서 어떻게 기도가 나왔을까? 돌멩이가 빗발치듯이 날아오는 그런 상황에서 어떻게 기도를 한다는 말인가? 그것도 원수들을 불쌍히 여겨달라는 그런 기도를 할 수 있었을까? 오순절에 임하신 성령님께서 그렇게 하셨다. 우리의 연약함을 도우시고, 말할 수 없는 탄식으로 우리를 위하여 친히 간구하시는 성령님께서 하셨다(롬 8:26절).

성령님께서 사도행전 1장 8절을 이루셨다. 예루살렘에서도 온 유다에서도 그리스도의 증인이 되도록 하겠다는 그 약속을 성령님께서 친히 이루셨다.

스데반의 순교는 바로 이 사실을 증명하는 사건이다. 사도행전의 다른 사건들도 이런 관점에서 이해하고 읽어야 한다.

12

삼위 하나님과 하나님 나라를 생각하게 하는 징검다리들

예수님은 요한복음 5장 39절에서 "너희가 성경에서 영생을 얻는 줄 생각하고 성경을 연구하거니와 이 성경이 곧 내게 대하여 증언하는 것이니라."고 하셨다. 성경의 중심 주제가 예수 그리스도 자신이라는 의미이다.

그러나 어떤 성경은 예수님을 언급하거나 설명하는 곳이 전혀 없다. 특히 구약 성경이 그렇다. 이런 본문을 설교할 때는 설교자 역시 설교 시간 내내 예수 그리스도에 대해서 한 번도 언급하지 않는 경우도 있다. 그러나 아래와 같이 성경을 읽고 설교한다면 그런 실수를 피할 수 있다.

중요한 인물들을 보면 하나님의 구속사와 연결하여 생각한다.

아담, 아벨, 셋, 에녹, 노아, 멜기세덱, 아브라함, 이삭, 야곱, 요셉, 모세, 여호수아, 사무엘, 다윗, 솔로몬, 엘리야, 엘리사, 에스라, 느헤미야를 볼 때도 예수님을 생각한다.

그들의 개인적인 삶과 신앙 등을 연구할 때 반드시 삼위일체 하나님을 생각해야 한다. 왜냐하면 이 사람들의 삶의 중심에는 하나님의 구속의 은혜가 있다. 그들을 통해서 하나님께서 그의 구원계획을 이루어 가신다. 그러므로 이런 인물들을 공부할 때는 반드시 삼위일체 하나님을 언급해야 한다. 본문을 이해 할 때도 삼위일체 하나님 중심으로 이해해야 한다.

특히 멜기세덱을 이해 할 때는 더욱 그렇다. 멜기세덱은 살렘의 왕이다. '살렘' 은 평강을 의미한다. '멜기' 는 왕이라는 뜻이다. '세덱' 은 의(義)라는 뜻이다. 그러므로 멜기세덱은 '의의 왕' 또는 '평강의 왕' 이라고 한다(히 7:2). 지극히 높은 하나님의 제사장이라고 했다.

고대시대에는 왕이면서 제사장인 경우가 극히 드물었다. 그러므로 멜기세덱은 그리스도께서 왕이시면서 제사장 되심을 보여주기 위한 특별한 인물이다.

아버지도 없고 어머니도 없고 족보도 없고 시작한 날도 없고 생명의 끝도 없이 하나님의 아들과 닮아서 항상 제사장으로 있다고 했다(히 7:3).

예수님께서도 바로 그런 분이시다. 물론 육신의 아버지와 어머니가 계셨다. 하지만 그것은 우리를 위한 대속물이 되도록 하기 위한 하나님의 특별한 조치이었다. 예수님은 시작한 날도 없으시다. 생명의 끝이 없는 분이시다. 생명 그 자체이시다.

아브라함이 전쟁을 하고 돌아올 때 떡과 포도주를 가지고 나왔다(창 14:18). 멜기세덱이 전쟁을 치루고 오는 아브라함에게 떡과 포도주를 주는 것은 그리스도가 하실 일을 상징한다. 영원한 대제사장이신 예수 그리스도께서 장차 오셔서 그의 백성들을 먹이실 것을 상징한다. 예수님 자신의 살과 피를 모든 믿는 자에게 신령한 양식과 음료로 주실 것을 의미한다. 영적으로 고아와 같고 목자 없는 양 같은 그의 백성들을 먹이실 것을 상징한다.

멜기세덱이 아브람을 위해 기도했다. 천지의 주재시요 지극히 높으신 하나님이여 아브람에게 복을 주옵소서라고 기도했다(창 14:19). 예수님께서 우리를 위해서 중보기도하실 것을 예표하고 있다. 예수님은 항상 제사장으로 계신다. 하나님 우편 보좌에서 우리를 위해서 기도하신다. 어제나 오늘이나 영원히 변함이 없으시다(히 13:8).

설교자들은 인물들에 대한 강해를 할 때 이런 점을 유의해야 한다. 하나님께서 그들을 통하여 이루시고자 하는 구원계획을 말하지 않으면 위인전 같이 될 위험이 있다. 유대인들과 같이 될 수 있다.

혹시 유대인들이 그런 설교를 들었다면 잘했다고 할 것이다. 그러면 그 설교는 잘못한 것이다. 왜냐하면 유대인들은 구속사의 중심에 예수 그리스도가 없기 때문이다. 유대인들이 말하기를, 처음 시작할 때는 우리와 같았는데 마지막이 우리와 다르다고 해야 바르게 설교한 것이다.

인격적으로 혹은 도덕적으로 훌륭한 사람들은 다른 종교에서도 얼마든지 있을 수 있다. 설교는 결코 어떤 인물의 훌륭한 성격이나 인품만을 말하는 것이 아니다. 그러므로 무조건 그들의 삶을 본 받자고만 해서 안 된다.

여러 가지 직분을 통해 삼위 하나님을 생각한다.

왕이나 대제사장, 선지자, 사사, 감독, 목자, 인도자, 선생, 재판관, 위로자 등의 직분을 볼 때도 삼위 하나님을 생각한다.

왕이나 대제사장, 선지자는 근본적으로 예수님을 바라보게 하는 직분이다. 예수님께서 그리스도라는 말은 예수님께서 세 직분을 받으셨다는 말이다.

에스겔 21장 26절과 27절에서 예수님을 "의로운 왕"이시라고 했다. 착하고 선한 왕을 볼 때는 그 왕보다 더 선하시고 완전하신 참 왕이신 예수님을 생각한다. 하나님께서 그를 선한 왕이 될 수 있도록 만드셨다고 생각한다. 또는 비록 그가 선한 왕이라 할지라도 우리 예수님에게는 비할 수 없다고 생각한다. 나쁜 왕을 만나면 선한 왕이신 예수님을 생각한다. 그가 나쁜 왕이 된 이유가 참 왕이신 예수님을 떠났기 때문이라는 사실을 기억한다.

참 목자라는 표현이 있다(겔 34:11). 예수님께서 자신을 목자라고 하셨다(요 10:11). 인도자도 마찬가지이다. 삼위일체 하나님만이 우리의 진정한 인도자이시다. 우리의 걸음을 바르게 인도하신다. 하나님의 목적과 계획에 맞게 인도하는 분이시다. 그래서 다윗은 왕이었지만 여호와 하나님께서 자신의 목자이시니 내게 부족함이 없다고 했다. 하나님께서 그를 푸른 초장으로 쉴만한 물가로 인도하신다고 했다. 비록 그가 사망의 음침한 골짜기를 다닐지라도 결코 해를 두려워하지 않는다고 했다.

다윗은 시편 18편 2절에서 "여호와는 나의 반석이시오 나를 건지시는 이시오 나의 하나님이시오 내가 그 안에 피할 나의 바위시오 나의 방패시오 나의 구원의 뿔이시오 나의 산성이시로다." 하고 찬양했다.

성령님 역시 우리의 신실한 인도자이시다. 우리를 늘 진리로 인도하신다(요 16:13). 하나님의 목적과 계획에 맞게 인도하시는 참 목자시다. 바울이 아시아로 가려고 하자 성령님께서 마케도니아로 그를 인도하셨다(행 16:6). 위로자이시며 예수님께서 말씀하신 말씀을 생각나게 하시는 선생님이시다. 때로는 우리를 책망하시는 감독자도 되신다. 성령님 역시 영원토록 우리와 함께 하신다(요 14:16).

본문에 나오는 물건이나 도구들을 통해 예수님을 생각한다.

떡이나 양식은 예수님을 생각하게 한다. 요한복음 6장 48절부터 51절에서 "내가 곧 생명의 떡이니라. 너희 조상들은 광야에서 만나를 먹었어도 죽었거니와, 이는 하늘에서 내려오는 떡이니 사람으로 하여금 먹고 죽지 아니하게 하는 것이니라. 나는 하늘에서 내려온 살아 있는 떡이니 사람이 이 떡을 먹으면 영생하리라 내가 줄 떡은 곧 세상의 생명을 위한 내 살이니라." 고 하셨다.

방주(창6:14), 홀(창 49:10), 구리 뱀(민 21:4-9), 만나(출16:31), 반석(민 20:11) 라합이 창에 걸어둔 붉은 줄(수 2:18), 새싹 혹은 싹(사 11:10) 등도 예수님을 생각하게 한다.

옷도 그렇다. 옷은 추위나 태양의 따가운 빛에서 우리를 보호해 준다. 때로는 우리의 신분을 나타내기도 한다. 그래서 하는 업무에 따라서 복장이 다르다. 또 옷은 우리 몸을 단장하게 한다. 예쁜 옷을 입으면 예쁘게 보인다. 그래서 옷이 날개라는 말이 있다.

이와 같이 예수님은 우리에게 옷처럼 되셔서 우리를 보호해 주신다. 하나님의 아들로 신분을 바꾸어 주신다. 우리의 인격을 예수님처럼 만들어 주신다. 그래서 갈라디아서 3장 27절에서는 "그리스도와 합하기 위해서 함께 세례를 받은 사람은 예수 그리스도로 옷 입었느니라." 고 했다.

우물도 예수님을 생각하게 한다. 사막에서 우물은 생수를 공급한다. 가뭄에 사람들에게 생수를 제공한다.

우리 예수님도 마찬가지이시다. 인생의 사막에서 소망의 생수를 제공하신다. 이기적이고 인심이 메마른 사회에서 생수 같은 사랑을 베풀어 주신다. 사회가 생기가 나고 활기차도록 만들어 주신다.

향기도 예수님을 생각하도록 한다. 향기의 냄새가 방안을 향기롭게 만든다. 불쾌한 냄새가 나는 곳에 향수를 뿌리면 금방 향기롭게 된다.

예수님도 마찬가지이시다. 온갖 비방과 다툼과 분쟁과 원망이 넘치는 사회에 관용과 화합과 배려가 넘치도록 하신다. 어떤 인간적인 냄새가 나는 곳이라도 예수님께서 들어가시면 예수님의 향기가 풍기는 곳으로 바뀐다. 사람들이 살기 좋은 곳으로 변한다. 사랑이 넘치는 세상이 된다. 사도 바울은 그리스도인을 그리스도의 향기라고 했다(고후 2:15).

여기서 주의 할 것이 있다. 본문의 중심 내용과 상관없이 이렇게만 해석하면 안 된다. 반드시 본문의 핵심 내용이 중심이 되어야 한다. 본문이 뭐라고 말하는지를 먼저 생각해야 한다. 그런 다음 이런 단어들을 볼 때 보충적으로 예수님을 생각한다. 주님을 설명하는 징검다리로만 삼아야 한다. 성경을 읽을 때 이렇게 생각하는 것은 극히 지엽적인 것이다.

특히 설교할 때 주의해야 한다. 본문의 중심 내용에는 관심이 없고 이런 방법으로만 설교하면 영해를 하는 잘못을 범할 수 있다. 본문을 이해하는 가장 기본적인 원리는 본문이 말하고자 하는 의미를 찾는 것이다. 어떤 본문이라 할지라도 그 원리는 동일하다. 다시 한 번 강조하지만 본문이 말하고자 것이 중심이 되어야한다.

지역이나 지방의 이름들을 통해서도 예수님과 예수님의 구원사역을 생각한다.

베들레헴은 유다지파에 속한 땅이다. 예루살렘의 남쪽에 위치하고 있다. 비옥한 지역이었다. 의미는 '떡집' 이라는 말이다. 생명의 떡, 산 떡, 영생하는 떡으로 오실 예수 그리스도를 생각하게 한다.

미가 선지자는 예수님께서 오시기 약 700년 전에 예수 그리스도께서 탄생할 곳이라고 예언했다. 따라서 베들레헴이라는 지명을 보면 예수님을 묵상하는 것은 당연하다.

가나안 역시 마찬가지이다. 하나님의 약속이 있고 통치가 있고 사랑이 있고 은혜가 넘치는 땅이다. 어디로 가든지 너와 함께 하시며, 너를 지키시며, 보호하시겠다는 하나님의 약속이 있는 땅이다. 들어가도 복을 받고 나가도 복을 받을 땅이다. 산업이 복을 받고 성읍이 복을 받고, 떡 반죽 그릇이 복을 받고. 심지어 우양의 새끼까지 복을 받는다는 땅이다. 가나안 땅은 성도가 장차 들어갈 천국을 상징한다.

예루살렘 성은 하나님의 성전이 있는 곳이다. 하나님 나라를 상징하는 성이다. "위에 있는 예루살렘은 자유자니 곧 우리의 어머니라."(갈 4:26)고 했다. 즉 교회라는 의미다. 새 예루살렘 성은 장차 들어갈 천국을 의미한다(계 21:10). 예루살렘이라는 말은 평화라는 의미다. 하나님께서 다스리시는 곳에는 평화가 있다는 의미다. 따라서 예루살렘 성을 볼 때 진정한 평화가 되시는 예수 그리스도를 묵상하고 생각해야한다.

도피성도 마찬가지이다. 도피성은 부지중에 살인한 사람을 보호하기 위해 마련한 곳이다. 물론 거류민에게도 해당된다(민 35:15).

도피성에 들어가면 네 가지 분명한 보장을 받는다. 첫째는 생명을 보장받는다. 비록 살인자라 할지라도 죽음을 면한다. 두 번째는 모든 죄를 용서받는다. 어떤 흉한 죄라 할지라도 용서받는다. 세 번째는 양식을 공급받고 필요한 의복을 공급받고 일상생활을 보장받는다. 죄용서는 물론이고 일용할 양식까지도 공급받는다. 네 번째는 하나님의 완전한 보호를 받는다.

그리스도 안에 들어오면 이런 보장을 받는다. 생명을 보장받는다. "내가 진실로 진실로 너희에게 이르노니 내 말을 듣고 또 나 보내신 이를 믿는 자는 영생을 얻었고 심판에 이르지 아니하나니 사망에서 생명으로 옮겼느니라."(요 5:24)고 했다.

예수님 안에 들어오면 완전한 죄 용서를 받는다. 필요한 모든 것을 날날이 공급받으면서 생활한다. 말하자면 영육 간에 완전한 해결을 받는다. 사망의 음침한 골짜기로 다닐지라도 해를 두려워하지 않는다. 어떤 대적이 와도 요동하지 않는다. 두려워하지 않는다. 왜냐하면 예수님께서 우리의 완전한 도피성이시기 때문이다.

다시 한 번 더 강조한다. 본문이 뭐라고 말하는지를 먼저 생각해야 한다. 본문의 핵심 내용이 중심이 되어야 한다. 이런 내용들은 부수적이다. 예수 그리스도를 잠깐 설명하는 기회로만 삼아야 한다. 중요한 것은 본문이 말하고자 하는 것이다.

제사와 관련된 제도나 도구, 절기 등에서 삼위 하나님을 생각한다.

대제사장, 제사장, 제물, 피, 번제단, 물두멍, 떡 상, 향단, 등잔대, 지성소, 속죄소, 언약궤, 번제, 소제, 감사제, 화목제, 속건제, 유월절, 무교절, 오순절, 장막절, 안식일, 안식년, 희년 등이다.

특히 맥추절이나 수장절은 단순히 추수한 것을 감사하는 절기만은 아니다. 햇볕을 주시고 적당한 비를 주셔서 한 해 농사를 잘 짓도록 도와주셔서 감사하다고 드리는 절기만은 아니다. 물론 그런 의미가 있다.

그러나 그 보다도 더 중요한 구속사적인 의미가 있다. 농부가 추수를 하듯이 하나님께서 우리 영혼을 알곡으로 만들어 영원한 천국 창고에 넣으실 것을 의미한다. 비록 날씨처럼 변덕이 많은 우리라 할지라도 참 농부 되신 예수님께서 부지런히 보살피셔서 알곡으로 만들어 주실 것을 믿고 감사하는 것까지 포함한다.

성령 하나님께서 보리 추수한 것을 감사하는 절기인 오순절에 오신 것은, 성령님께서 바로 그런 사역을 하실 것을 암시하고 있다.

그러므로 이런 절기와 제도는 근본적으로 삼위 하나님을 생각하게 한다. 예수님을 바라보게 한다. 예수님께서 실체이시라면 이러한 절기나 규례들은 모두 그림자이다. 예수 그리스도를 통하여 완성되고 그리스도 예수 안에서 진정한 의미가 드러난다.

예수님 자신이 구약을 이렇게 이해하셨다(눅 24:27,44). 사도들도 그렇게 이해했다(행 2:14-36). 스데반도 그렇게 이해했고(행 7:1-51), 사도 바울도 마찬가지이다(행 13:13-41). 만약 그와 같이 이해하지 않으면 유대인들이나 여호와 증인들처럼 된다. 그들은 이러한 원리를 인정하지 않는다. 예수님께서 그리스도 되심도 인정하지 않는다.

다음과 같은 단어들을 만나면 삼위 하나님과 그의 구원사역을 생각한다.

아버지, 아들, 신랑, 신부, 남편, 몸, 머리, 지체, 남은 자, 중보자, 증인, 의인, 죄인, 제자, 종, 구속, 심판, 가족, 영광, 회복, 복종, 고난, 새순, 돌, 보배, 세례, 등불, 빛, 성전, 문, 양, 포도나무, 집, 번성, 충만, 기쁨, 평화, 지혜, 혼인, 식사, 안식, 회개, 구름, 불, 나팔 소리, 번개, 우레 등이다.

이와 같은 단어들은 삼위 하나님과 그의 구속 사역을 설명하는 사건들과 깊은 관계가 있다. 하나님 나라와 복음을 설명하는데도 역시 관계가 있다.

특히 구름, 불, 나팔 소리, 번개, 우레, 빛 등은 하나님의 임재를 설명하는 단어들이다. 영이신 하나님께서 이스라엘 백성들에게 임하실 때 이런 단어로 설명했다. 백성들은 이런 모습을 볼 때 떨었다(출19:16).

식사는 예수님의 성만찬과 관련이 있다. 더 나아가 구약의 유월절 만찬과 관계가 있다. 궁극적으로는 하늘나라에서 주님과 더불어 가질 식탁을 상징한다.

혼인 잔치 역시 마찬가지이다. 예수님께서 우리의 신랑이시고 우리는 신앙을 고백하고 그의 신부가 된다. 예수님을 믿는 삶을 혼인하는 것으로 설명한다.

안식이라는 말도 그렇다. 구속사적인 의미를 가진 단어이다. 왜냐하면 진정한 안식은 예수 그리스도 안에서만 가능하기 때문이다. 그래서 성경에서 안식이란 단어가 나오면 무조건 예수님을 생각해야 한다.

안식에는 세 종류가 있다.

첫째는 육체의 안식이 있다. 말하자면 몸의 쉼이다. 모든 일을 중단하고 그냥 푹 쉬는 것이다. 이 쉼도 참 소중하고 귀하다. 왜냐하면? 인간이 죄를 범하고 타락한 이후에는 육체의 능력이 무한하지 못하다. 과도한 노동을 하면 몸과 근육에 피로가 온다. 그래서 반드시 매일, 매주 쉬어야한다.

두 번째 쉼은 마음의 쉼이다. 정신적인 쉼이다. 이런 쉼은 음악이나 명화를 감상하거나 산책을 하거나 독서를 통해서 얻게 된다.

세 번째 쉼은 영적인 쉼이다. 이 쉼은 아주 특이한 쉼이다. 이 쉼은 육체의 쉼도 아니고, 정신적인 쉼도 아니다. 그래서 노동을 중단하거나 즐거운 음악을 듣는다고 얻어지지 않는다. 이 쉼은 반드시 예수 그리스도 안에 있을 때 얻는다. 성령 충만을 받을 때 가지게 된다. 하나님을 만날 때 얻게 된다.

회개도 그렇다. 회개는 반드시 예수 그리스도를 의지해야 한다. 십자가에 달려서 피 흘리신 예수 그리스도를 의지함으로 가능하다. "그가 찔림은 우리의 허물을 인함이요 그가 상함은 우리의 죄악을 인함이라 그가 징계를 받음으로 우리가 평화를 누리고 그가 채찍에 맞음으로 우리가 나음을 입었도다."(사 53:5)라고 했다

무조건 우는 것만이 회개가 아니다. 스스로 잘못을 뉘우치는 것만으로 가능하지 않다. 반드시 피 흘리신 그리스도를 의지해야 한다. 예수님의 피가 이미 우리의 모든 죄를 희게 했다. 그 피를 믿음으로 인정하면 된다.

그리스도께서 이미 과거, 현재, 미래의 죄까지도 해결하셨다. 한 번 죽으심으로 영원히 효과 있는 제사를 드리셨다(히 10:14). 바로 그 예수 그리스도를 다시 붙잡는 것이다.

따라서 성경을 읽고 설명하는 과정에서 이런 단어들을 볼 때, 잠깐이라도 하나님과 예수님과 그의 십자가와 부활을 생각하는 습관을 가지도록 하자. 하나님 나라의 속성과 원리를 묵상하자.

여러 제도들을 통하여 하나님 나라의 원리들을 배운다.

사람들이 세상의 여러 원리들을 잘 알 때 세상 살기가 편리하다. 나라에서 베푸는 여러 가지 혜택을 받아 누릴 수가 있다. 그러

나 사회의 각종 원리나 규칙을 잘 이해하지 못하면 많은 불이익을 당할 수 있다. 억울하게 손해를 볼 수도 있다.

천국 백성들도 마찬가지이다. 그러므로 성경 속에 있는 다양한 제도들 속에서 하나님 나라의 원리를 찾아야 한다. 각종 제도 속에는 하나님 나라를 이해할 수 있는 중요한 원리들이 있다.

신명기 25장 5절부터 10절에 수혼 제도가 있다. 계대 결혼이라고도 한다. 만일 결혼한 형제가 후사가 없이 죽으면 다른 형제가 형수와 결혼하는 제도다. 6절에서 수혼 제도의 목적을 설명한다. 그 죽은 형제의 이름이 이스라엘 중에서 끊어지지 않도록 하기 위해서라고 했다. 죽은 형제를 대신하여 후사를 낳아 그 형제의 이름과 기업을 가문과 지파 내에서 보존해 준다. 두 번째는 이스라엘 여인이 이방 남자와 결혼하는 것을 방지하기 위함이다. 세 번째는 홀로 남은 과부를 제도적으로 보살펴 주기 위해서다.

그러나 형제들이 결혼을 원하지 않을 경우에는 다음과 같은 조치를 취한다. 그 형님의 아내는 성문의 장로들에게로 나아가서 고소한다. 내 남편의 형제가 형제 된 의무를 내게 행하지 않았다고 말한다. 그러면 장로들은 그 형제를 불러다가 권고한다. 그래도 그 형제가 형수를 거부하면 형수가 장로들 앞에서 그 형제의 발에서 신을 벗긴다. 다음은 그의 얼굴에 침을 뱉는다. 그러면 사람들이 그를 부를 때 "신 벗김 받은 자의 집"이라고 부른다.

이 제도에 역시 하나님의 깊은 지혜가 담겨 있다. 개인의 가정과 가문을 보호하려는 의지가 담겨 있다. 그러나 더 나아가 하나님의 구속역사를 완성하려는 더 깊은 계획이 들어 있다. 메시야가 오는 혈통을 보존하려는 의지가 담겨 있다. 그러므로 이러한 제도를 대하면 하나님의 지혜를 생각해야 한다.

룻기 2장 20절에 "기업을 무를 자"라는 말이 있다. 히브리어로 '고엘'이라는 말인데 '되찾다', '무르다' 등의 뜻을 내포하고 있다. 이 제도 역시 수혼 제도와 같은 성격이다. 목적은 첫째, 언약의 백성의 혈족을 유지하기 위해서다. 두 번째는 하나님의 백성들로 하여금 하나님께로부터 할당받은 기업을 영구히 보존하도록 하기 위해서다. 혹 부당한 피해를 당했을 경우 이를 보상하기 위한 제도이다.

고엘 즉 기업 무를 자가 된 자는 가난한 혈족의 땅을 대신 사주어야 한다(레 25:25). 미망인과 결혼하여 대(代)를 이어주어야 한다. 그 친족의 죄 값을 대신 받기까지 한다(민 5:8). 심지어 부당한 피해를 당한 친족을 위해 복수할 책임도 져야 한다.

이 제도 역시 예수 그리스도께서 하실 일을 예표하고 설명한다. 예수님께서 우리의 신분을 회복해 주신다. 사탄에게 빼앗긴 권리와 기업을 되찾아주신다. 생활 속에서 만나는 억울한 일들을 해결할 수 있도록 지혜를 주신다. 예수님께서 곧 우리의 고엘이시다. 영원한 고엘이시다.

13

성경에 나오는 인물들을 통하여 인간의 본질과 속성을 관찰한다.

성도들이 성경을 통하여 인간이 어떤 존재인지를 아는 것은 중요하다. 왜냐하면 신앙생활의 중요한 하나의 축은 인간과의 관계이기 때문이다. 주님은 눈에 보이지 않지만 사람들은 눈에 보인다. 세상에서 생활하는 것도 하나님과 같이 하는 것이 아니라 사람들과 함께 한다. 우리가 상처를 받는 것도 사람들로부터다. 그러므로 성경을 통하여 사람들에 대해 잘 알아야 한다. 사람이 어떤 존재인지를 잘 알아야 사람을 사랑할 수 있고 전도할 수 있다. 사람들과 사이에서 하는 모든 생활에서 성공할 수 있다.

보수주의자들은 사람에 대한 관심이나 연구가 약간 부족하다. 하나님을 위해서, 하나님을 연구하는 일에는 적극적이다. 발달되어 있다. 그러나 사람들을 연구하는 일에는 소극적이다. 이론 신학에 비해 봉사 신학 즉 실천 신학을 가볍게 생각하는 경향이 있다.

성경이 말하는 인간의 실상이다.

하나님께서 사람을 자신의 형상대로 창조하셨다(창 1:27). 이 말은 첫째로 사람은 하나님과 교제하며 예배하며 하나님과 사귐이 있는 존재라는 의미다. 두 번째는 동물이나 짐승 같은 육적인 존재가 아니라 영적인 존재라는 뜻이다. 세 번째는 하나님의 영을 받고 하나님의 신을 받아서 사는 존재를 의미한다. 하나님의 기운을 받아, 하나님을 믿고 의지하며 사는 존재라는 뜻이다. 그러므로 인간은 하나님이 없이는 절대 살 수 없다.

하나님은 사람에게 위대한 능력과 놀라운 권세를 주셨다. 세상을 통치하고 다스리는 권세와 능력이다. 땅에서 번성하고 충만하는 복이다. 하늘과 땅의 모든 것들을 다스리고 정복하는 능력과 지혜다(창 1:28). 이런 모습이 인간의 본래 모습이다.

인간은 특별한 피조물이다. 하나님의 걸작품이다. 그래서 창세기 1장 31절에서 "하나님이 보시기에 심히 좋았더라."고 했다.

그런데 이런 멋진 신분과 귀한 능력과 특권들을 모두 상실한다. 잃어버리고 만다. 그 원인은 물론 사람이 마귀의 유혹을 받아 죄를 범하고, 하나님을 떠났기 때문이다.

죄를 범하고 하나님을 떠난 결과다.

첫째는 그 영혼이 죽고 말았다(엡 2:1). 생명이 죽고 말았다. 영혼이 죽는다는 의미는 하나님과 인격적인 교제가 깨어지고 끊어졌다는 말이다. 하나님의 신이 그를 떠났다는 의미다. 죽음은 없어지고 사라지는 개념이 아니다. 성경에서 죽음은 언제든지 분리다. 하나님과 분리되고 영혼과 육체가 분리되는 것이 죽음이다. 인간이 죄를 범한 즉시 하나님과 사귐이 중단되었다. 그래서 죄 가운데 있는 모든 사람들은 하나님을 모른다. 하나님의 존재를 부정한다.

두 번째 마음이 악해졌다. 창세기 3장에 인간이 죄를 짓고 타락한 사건이 있다. 창세기 4장부터는 인간이 타락한 이후에 짓는 각종 악한 일들이 기록되어 있다. 성경은 인간의 타락을 보여주는 책이라고 해도 된다. 인간의 죄악사를 기록하고 있다.

타락한 뒤 아담은 하와에게 책임을 떠넘긴다. 아담은 아내 하와를 내 뼈 중에 뼈요 살 중에 살이라고 극찬했다. 그러나 선악과를 따 먹고 타락한 뒤에는 아담은 그 책임을 하와에게 돌린다. 하와는 뱀에게 떠넘긴다. "아담이 이르되 하나님이 주셔서 나와 함께 있게 하신 여자 그가 그 나무 열매를 내게 주므로 내가 먹었나이다. 여호와 하나님이 여자에게 이르시되 네가 어찌하여 이렇게 하였느냐 여자가 이르되 뱀이 나를 꾀므로 내가 먹었나이다."(창 3:12-13).

인간이 하나님의 형상대로 창조된 인간을 죽인다. 인류 최초의 살인 사건은 친형이 아우를 죽인 사건이다. 동생을 죽이는 동기도 단순하다. 하나님께서 자신이 드린 제사를 받지 않아서다. 동생이 형에게 잘못한 것이 전혀 없다. 형인 가인의 재물을 훔쳤다던가, 거짓말을 했다던가, 형의 권위에 도전했다던가 하는 일이 전혀 없다. 그럼에도 아우 아벨을 죽인다. 그것도 낮에 들판에서 죽인다. 시체를 들판에 버린다.

온갖 추악한 성적인 죄를 짓는다. 롯의 두 딸이 계획적으로 아버지를 범한다. "그 밤에 그들이 아버지에게 술을 마시게 하고 큰 딸이 들어가서 그 아버지와 동침 하니라 그러나 그 아버지는 그 딸이 눕고 일어나는 것을 깨닫지 못하였더라. 이튿날 큰 딸이 작은 딸에게 이르되 어제 밤에는 내가 우리 아버지와 동침하였으니 오늘 밤에도 우리가 아버지에게 술을 마시게 하고 네가 들어가 동침하고 우리가 아버지로 말미암아 후손을 이어가자 하고, 그 밤에도 그들이 아버지에게 술을 마시게 하고 작은 딸이 일어나 아버지와 동침 하니라 그러나 아버지는 그 딸이 눕고 일어나는 것을 깨닫지 못하였더라."(창 19:33-35).

며느리가 시아버지를 유혹해서 관계하고 후손을 받는다(창 38:14). 동성애는 물론이거니와 온갖 종류의 성범죄를 저지른다. "그와 같이 남자들도 순리대로 여자 쓰기를 버리고 서로 향하여 음욕이 불 일듯 하매 남자가 남자와 더불어 부끄러운 일을 행하여 그들의 그릇됨에 상당한 보응을 그들 자신이 받았느니라"(롬 1:27). 심지어 짐승과 더불어 추한 관계를 한다(레 20:15).

성경은 이런 추악한 일을 빠짐없이 기록하고 있다. 이유가 무엇일까? 인간이 어떤 존재인지를 인식시키기 위해서다. 타락한 인간의 실상을 알리기 위해서다.

하나님을 떠난 인간은 결국 죄의 종이 되어 산다. 성경은 인간의 실상을 이렇게 말한다. "만물보다 거짓되고 심히 부패한 것은 마음이라 누가 능히 이를 알리 요마는"(렘 17:9). 그래서 예수님은 사람을 의지하지 않으셨다(요 2:24).

"입에서 나오는 것들은 마음에서 나오나니 이것이야말로 사람을 더럽게 하느니라. 마음에서 나오는 것은 악한 생각과 살인과 간음과 음란과 도둑질과 거짓 증언과 비방이니, 이런 것들이 사람을 더럽게 하는 것이요 씻지 않은 손으로 먹는 것은 사람을 더럽게 하지 못하느니라."(마 15:18-20).

인간의 본질을 파악하는 것은 쉽지 않다. 인간은 결코 단순하지 않다. 거짓말을 하기도하고, 속이기도 한다. 두 마음을 품고 사람을 대한다. 미워하는 마음을 품고 있으면서도 태연히 칭찬을 한다. 하지만 돌아서서는 바로 비방한다. 이런 인간을 상대하는 것은 흔들리는 통나무 위에서 자전거를 타는 것만큼이나 어렵다고 했다.

다윗을 통해서 이런 사실을 확인할 수 있다. 다윗은 목동에서 왕이 되었다. 왕이 된 뒤에도 하나님께서 베풀어주신 은혜를 잊지 않기 위해서 노력했다. 왕궁 안에 목동 시절에 입었던 옷을 걸어두고 옛날 일을 기억하려고 했다. 하지만 그 역시 부패한 영혼을 소유한 인간이었다.

우리야의 아내인 밧세바와 더불어 간음했다(삼하 11:4). 당시 우리야는 하나님과 다윗 왕을 위하여 전투 중에 있었다. 다윗은 자기가 지은 죄를 감추기 위해 우리야를 궁으로 부른다. 밧세바에게 가서 쉬라고 한다. 그 꾀가 통하지 않자 우리야에게 술을 먹인다. 그 방법 역시 허사로 돌아간다. 그러자 최후에는 우리야를 죽이려고 한다.

다윗은 요압에게 편지한다. 우리야를 전쟁터의 최전방에 내세워 싸우다가 우리야만 두고 후퇴하라고 한다. 적군의 화살에 맞아 죽게 하려는 것이다. 바로 이런 내용이 담긴 편지를 다윗은 우리야의 손에 들려서 요압 장군에게 보낸다(삼하 11:14-15).

이런 악한 일을 꾸민 사람이 이방인이 아니다. 흉악한 악당이 아니다. 다윗이다. 가장 위대한 왕이라고 했던 바로 그 다윗 왕이다. 이런 다윗의 모습에서 인간의 사악한 면을 발견한다.

죄를 범하고 하나님을 떠난 인간은 여러 가지 마음의 병을 가지고 살아간다. 불안과 초조 두려움이라는 병이다. 근심, 걱정, 시기, 질투, 미움, 열등의식, 낙심, 불만, 원망, 의심 등의 병이 있다.

세상에서도 온갖 문제들을 만난다. 질병, 사고, 싸움, 가정, 분란, 외도, 가출, 가뭄, 홍수, 기근, 전쟁 등이다. 그래서 죄를 짓고 타락한 인생들은 누구도 예외 없이 진정한 안식과 평안이 없다. 수고하고, 염려, 고통, 근심, 걱정, 낭패를 경험하고 산다.

사람들은 이 문제들을 스스로 해결하기 위해 다양한 몸부림을 친다. 어떤 사람은 미신적인 행위를 한다. 어떤 사람은 철학을 한다. 또 어떤 사람은 선한 생활을 하려고 노력한다. 어떤 사람은 수도를 한다. 또 어떤 사람들은 종교를 가진다. 향락과 쾌락을 통하여 이런 고통을 잊어보려고 하는 사람도 있다. 만 사람이 만 가지 방법으로 노력한다.

그러나 결론은 해결이 불가능하다. 왜냐하면 그런 행위를 통하여 하나님을 만날 수가 없기 때문이다. 죽음을 이길 수 없고, 영생을 얻을 수 없기 때문이다. 죄와 사망의 법이라는 흉악한 영적인 법을 해결할 수 없기 때문이다.

인간은 완전히 타락하여 전적으로 부패한 존재다. 영적인 일은 도무지 할 수 없는 인간이다. 특별히 자신의 구원을 위해서는 전적으로 무능력한 인생이다. 이것이 인간의 영적인 실존이고 현주소다. 인간에 대한 가장 기본적인 이해가 바로 이것이다.

어떻게 하면 하나님의 형상을 다시 회복할 수 있을까? 오직 예수 그리스도를 통해서만 가능하다. 인간의 인간됨을 회복할 수 있다. 그래서 사도행전 4장 12절에서 "예수 이름 외에는 천하 인간에게 구원을 얻을 만한 다른 이름을 주신 일이 없다."고 했다. 바울 사도는 "누구든지 그리스도 예수 안에 있으면 새로운 피조물이라."(고후 5:17)고 했다.

대부분의 사람들은 성경을 읽을 때 본문에 등장하는 사람들의 좋은 점에 관심을 둔다. 설교자들은 선한 사람들을 예로 들어 설교하기를 좋아한다. 그들의 선한 삶을 본받으라고 한다. '아브라함의 믿음을 본받자. 갈렙의 용기를 본받자. 사무엘처럼 기도의 사람이 되자.' 물론 그런 접근도 필요하다.

그러나 그런 사람들에게도 부정적인 면이 많이 있다는 사실을 기억해야 한다. 완전한 사람은 한 명도 없다. 그러므로 본문을 통하여 인간의 긍정적인 면과 부정적인 면을 동시에 관찰해야 한다. 그들의 연약한 모습, 인간적인 모습, 실수한 모습들도 보고 지적해야 한다. 그러면서 그렇게 된 근본 이유를 묵상해야 한다. 설명해야 한다. 어떤 사람도 죄에서 자유로울 수 없음을 강조해야 한다.

성경에 나오는 인물들은 다음과 같이 이해하는 것이 좋다.

첫째, 인간은 누구나 다 연약한 죄인이다. 성경에 나오는 어떤 인물도 다 죄인이다. 그들도 예외가 없이 주의 은혜가 아니면 도무지 사람 구실할 수 없는 연약한 인간들이다.

로마서 3장 10절부터 15절에서 "의인은 없나니 하나도 없으며, 깨닫는 자도 없고 하나님을 찾는 자도 없고, 다 치우쳐 함께 무익하게 되고 선을 행하는 자는 없나니 하나도 없도다. 그들의 목구멍은 열린 무덤이요 그 혀로는 속임을 일삼으며 그 입술에는 독사의 독이 있고, 그 입에는 저주와 악독이 가득하고 그 발은 피 흘리는 데 빠른지라. 파멸과 고생이 그 길에 있어 평강의 길을 알지 못하였고, 그들의 눈앞에 하나님을 두려워함이 없느니라 함과 같으니라." 고 했다.

사탄의 공격 앞에 노출되어 있는 죄인들이다. 상한 갈대 같고 꺼져가는 심지와 같은 연약한 존재들이다. 능력이 많았던 바울 역시 그랬다. 하나님만 의지했던 바울이지만 디도가 그에게 오자 위로를 받았다. "그러나 낙심한 자들을 위로하시는 하나님이 디도가 옴으로 우리를 위로하셨으니"(고후 7:6).

어떤 사람도 완전하지 않다. 주님처럼 높임을 받거나 숭배할

대상이 아니다. 의지할 대상이 아니다. 사람은 사람일 뿐이다.

둘째, 성경에 나오는 사람들은 모두 인도자이다. 사람들을 주님께로 데려다 주는 인도자이다. 바울도 인도자이고 베드로도 야고보, 요한, 예수님의 모든 제자들도 모두 인도자이다. 주의 길을 평탄하게 하라고 광야에 외치는 자의 소리이다. '생명의 주가 되시는 예수 그리스도께로 가십시오.' 라고 외치는 사람들이다.

셋째, 모두 그리스도의 종이다. 심부름꾼이다. 왕이든, 제사장이든, 선지자든, 누구도 예외가 없다. 로마서 1장 1절에서 바울은 자신을 '예수 그리스도의 종 바울' 이라고 했다. 당시의 종은 아무것도 아니다. 물건이었다. 이마에 도장을 찍었다. 매매를 할 수 있었다. 재산 목록에 적었다. 사도라는 말이 바로 종이라는 말이다. 바울은 스스로 자신을 그리스도의 종이라고 밝혔다.

넷째, 증인들일 뿐이다. 예수 그리스도를 믿으면 얼마나 놀라운 일이 일어나는지를 보여주는 증인이다. 주님께서 은혜를 주시니까 질그릇 같은 내가 이렇게 반석이 되었다는 것을 증명하는 증인이다. 그리스도가 없을 때는 작은 일에도 시험에 들어 넘어졌다. 그러나 그리스도가 내 안에 들어오시자 내가 오뚝이 같은 사람이 되었다고 증명하는 증인이다. 주님께서 내 안에 들어오시자, 사방으로 욱여쌈을 당하여도 싸이지 아니하며 답답한 일을 당하여도 낙심하지 아니하며, 핍박을 받아도 버린바 되지 아니하며 거꾸러뜨림을 당하여도 망하지 아니하는 사람이 되었다고 증명하는 증인이다.

삭개오가 바로 그 사실을 증명한다. 삭개오가 어떤 자냐? 고통당하는 동족을 착취했던 사람이다. 거미와 같은 인생이었다. 속물 중에 속물이었다. 재물과 권력을 신으로 여기며 살았던 자이다. 그런 삭개오가 예수님을 만나고 변한다. 어떻게 변하느냐? "내 소유의 절반을 가난한 자에게 주겠사오며, 만일 누구의 것을 속여 빼앗은 일이 있으면 네 갑절이나 갚겠나이다."(눅 19:8)라고 한다. 이웃을 못살게 괴롭히던 그가 이웃을 돕겠다고 한다. 선한 일을 하겠다고 한다. 그것도 스스로 하겠다고 한다. 누가 강요한 것이 아니다.

혹시 본문에서 인물들을 긍정적으로 설명하면, 그런 모습을 가능하게 하신 주님을 생각해야 한다. 먼저 그 인물의 좋은 점을 잘 관찰하고, 다음은 그 배후에 있는 주의 은혜를 기억해야 한다. 왜냐하면 그 사람들이 그런 감동적인 행동을 한 것은 주님께서 은혜를 주셨기 때문이다.

성경의 인물들이나 신앙의 인물들을 숭배하지 말아야 한다. 오직 하나님만을 높여한다. 그 사람을 그렇게 만드시고 은혜를 주신 주님을 높여야 한다. 그러므로 인간을 성자라고 부르며 높이는 것은 옳지 않다.

14

이런 방법으로도 읽는다.

이스라엘이 번성하는 일이 있으면 창세기 1장 28절을 성취하시는 하나님을 생각한다.

하나님은 아담에게 "생육하고 번성하여 땅에 충만하라, 땅을 정복하라."(창1:28)고 하셨다. 그러나 아담이 죄를 범한 후에는 이 명령을 하나님 자신이 친히 이루어 가신다.

출애굽기 1장 7절에서 "이스라엘 자손은 생육이 중다하고 번식하고 창성하고 심히 강대하여 온 땅에 가득하게 되었더라."고 했다. 하나님께서 이스라엘 백성들을 그렇게 만드셨다. 창세기 1장 28절을 이루시기 위해서다.

아브라함에게 약속한 창세기 12장 2절의 약속, "내가 너로 큰 민족을 이루고 네 이름을 창대하게 할 것이라."는 약속을 성취하시기 위해서다.

이를 위해서 하나님께서 요셉을 먼저 애굽으로 보내셨고 그 다음 이스라엘 백성들을 애굽으로 인도하셨다.

애굽에서 이스라엘 백성들의 수가 점점 많아진다. 그러자 바로 왕이 인간적이고 극히 정치적인 동기로 핍박한다. 이스라엘 백성들을 지혜롭게 대하자고 한다(출 1:10). 이스라엘 백성들이 더 많게 되면 전쟁이 일어날 때에 대적과 합하여 애굽과 싸울지 모른다고 두려워한다. 결국 바로가 하나님 나라의 부흥을 막기 위해 궤계를 꾸민다. 감독들을 그들 위에 세우고 그들에게 무거운 짐을 지워 괴롭게 한다. 바로를 위하여 국고 성 비돔과 라암셋을 건축하게 한다.

그러나 하나님께서 바로의 궤계를 무력하게 하신다. 그럴수록 하나님께서 이스라엘 백성들을 더욱 건강하게 하고 강하게 하신다. 번성하게 하신다. 땅에 충만하게 하고 많아지게 하신다. 그래서 학대를 받을수록 더욱 번식하고 창성하더라고 했다(출 1:12).

출애굽기 1장 16절에 보면 첫 번째 궤계가 무산되자 하나님을 모르는 새 왕이 두 번째 궤계를 쓴다. 남자 아이를 죽이라는 명령이다. 더 심한 노동을 시켜라, 더 고된 성 쌓기를 하게 하라, 그런 정도가 아니다. 출산할 때에 남자 아이면 죽이라고 한다. 아주 잔인하다. 도덕적으로 도저히 용납할 수 없는 일이다. 비정상적이며 비윤리적인 일이다.

이런 잔인한 일들이 벌어지면 항상 배후를 생각해보는 습관을 지녀야한다. 상식을 초월하는 일이 벌어지면 배후를 생각해보는 것이 필요하다. 그리고 그것을 영적인 문제로 연결해서 생각해봐야 한다.

특별히 생명을 죽이는 일이나, 파괴하는 이런 일들은 더 더욱 그렇다. 배후 세력이 누구이겠느냐? 말 할 것도 없이 사탄이다. 사탄은 도적질하고 죽이고 멸망시키려는 존재라고 했다(요 10:10). 광풍을 동원해서 욥의 열 자녀를 죽인 '그 사탄' 이다.

그런데 그 사탄이 누구만 죽이라고 하느냐 할 때? 남자 여든 죽이고 여자 여든 그는 살게 두라고 한다. 남자만 죽이라고 한다. 여자는 살려두고 남자만 죽이라고 한다.

왜 하필 남자 아이만 죽이라고 하느냐 하면? 일차적으로 남자는 군인이 되고 전쟁을 치룰 때 병력이 되기 때문이다. 남자의 수가 군대의 수이고, 군인의 수가 곧 군의 전력이다.

그러나 더 중요한 것은 영적인 문제 때문이다. 메시야가 오는 혈통을 단절시키기 위해서다. 우리의 구속자가 되신 그리스도의 오심을 방해하기 위해서다.

헤롯을 통하여 벌인 음모와 동일하다. 헤롯이 사람을 보내어 베들레헴과 그 모든 지경 안에 있는 사내아이를 두 살부터 그 아래로 다 죽이라고 했다(마 2:16). 사내아이들을 죽이라고 했다. 그 목적은 베들레헴에 탄생하신 아기 예수님을 죽이기 위해서다.

예수님을 죽이려는 시도는 과거에만 있었던 일이 아니다. 오늘날도 다양하게 일어나고 있다. 예수님은 역사적인 인물이 아니라고 한다. 예수님은 철저히 인간일 뿐이라고 한다. 예수님에 대해

별별 소리를 다 한다.

그런데 하나님께서 그 궤계를 다 막으신다. 그것도 아주 간단하게 막으신다. 어떻게 막으시냐 하면? 바로 왕이 동원한 그 산파들을 이용해서 막으신다. 다른 사람들이 아니라 바로가 동원한 바로 그 산파들을 통해서다. 군사를 동원하시고 부대를 파송하시고 그러시지 않고 바로 그 산파들을 통해서 하신다. 그래서 출애굽기 1장에는 산파라는 말이 여러 번 나온다.

산파들을 어떻게 이용하시느냐 할 때? 하나님께서 그 산파들에게 두려움을 주어서 막으신다. 그 산파들이 바로보다 하나님을 더 경외하도록 해서 막으신다. 산파들에게 뇌물을 주고 설득을 하고 그런 것이 아니다. 출애굽기 1장 17절에서 "산파들이 하나님을 두려워하여 애굽 왕의 명을 어기고 남자를 살린지라."고 했다. 바로보다 하나님 자신을 더 두려워하도록 하여, 하나님을 경외하도록 하여 막으셨다.

그래서 결국 이스라엘 백성들은 생육이 중다하고 번식하고 창성하고 심히 강대하여 온 땅에 가득하게 되었다. 창세기 1장 28절이 이루어졌다. 네 후손이 하늘의 뭇별과 같이 많게 하고 심히 번성하게 하겠다는 아브라함에게 하신 약속을 성취하셨다.

예수님의 제자들이 12명에서 70명으로, 120명으로 많아지는 것도 관계가 있다. 예루살렘교회에 삼천 명이 돌아오고, 오천 명이 회개하여 돌아오는 사건 역시 이 말씀과 관계가 있다.

성령 하나님께서 예루살렘에서 온 유다에서 사마리아와 땅 끝에서 믿는 자를 세워서 교회를 이루시는 것 역시 창세기 1장 28절과 창세기 12장 2절 말씀과 밀접한 관계가 있다.

이런 내용들을 볼 때 하나님을 찬양해야 한다. 언약을 신실히 이루어 가시는 하나님을 노래해야 한다. 하나님께서 타락한 이 세상을 결국 완전한 하나님 나라로 회복하실 것을 믿어야 한다.

감동적인 장면이 나오면 창세기 1장 31절을 이루고 계시는 하나님을 생각한다.

"하나님이 지으신 그 모든 것을 보시니 보시기에 심히 좋았더라."(창1: 31). 이 말씀은 하나님 나라의 모습을 한 구절로 표현한 것이다. 하나님의 나라를 심히 좋았다고 설명했지만 이 정도로서는 부족하다.

하나님께서 세우신 하나님의 나라는 깊고 오묘하다. 신비롭고 놀랍다. 너무 아름답다. 높이와 깊이와 길이와 넓이를 측량 할 수 없다. "심히 좋았다." 라는 말로 표현하는 것으로는 부족하다.

바울은 이 하나님 나라의 비밀을 체험하고 이렇게 찬송했다. "깊도다 하나님의 지혜와 지식의 풍성함이여 그의 판단은 헤아리지 못할 것이며 그의 길은 찾지 못할 것이로다."(롬 11:33).

그러나 아담이 죄를 범하고 하나님을 떠남으로 이 모습은 완전히 사라졌다. 먼저 아담과 하와에게 변화가 생겼다.

타락한 뒤 그들의 모습이 창세기 3장 8절에 있다. "동산에 거니시는 여호와 하나님의 음성을 듣고 아담과 그 아내가 여호와 하나님의 낯을 피하여" 그랬다. 여호와 하나님의 음성을 듣고 아담과 하와가 하나님의 낯을 피한다. 하나님의 은혜로운 음성, 영혼을 소생하게 하는 그 음성을 듣고 얼굴을 피한다. 평강주시기를 기뻐하시는 하나님의 얼굴을 회피한다. 심히 좋은 상태가 아니다. 보시기에 심히 나쁘다.

아담과 하와는 동산 나무 사이에 숨는다. 하나님의 얼굴을 마주 대하여 교제하고, 교통하는 것이 아니라 동산 나무 사이에 숨는다. 하나님을 계속 회피한다. 교제를 거부한다.

빛을 거부하고 어두움을 찾는다. 사망의 음침한 곳으로 간다. 세상 사람들이 어두운 곳을 추구하고, 어두운 데서 생활하려고 하는 행위는 바로 이 장면의 반복이라고 생각하면 된다. 나쁜 일은 모두 어두운 곳에서 이뤄지는 이유도 그래서 그렇다.

창세기 3장 10절에서 또 이렇게 설명한다. "가로되 내가 동산에서 하나님의 소리를 듣고 내가 벗었으므로 두려워하여 숨었나이다."

아담이 수치감을 느낀다. 마음속에 두려움이 생겼다. 의로움과 평강이 사라지고 부끄러움과 공포가 찾아왔다. 하나님의 말씀을 어겼기 때문이다. 언약을 파기했기 때문이다.

죄 때문에 그렇다. 죄 때문에 수치감이 오고, 죄 때문에 두려움이 오고, 죄 때문에 도피심이 오고, 어두움을 찾는 신세가 되고 말았다.

그렇다. 영혼의 병, 마음의 병의 근본적인 원인은 바로 죄다. 나쁜 환경, 괴롭히는 인간, 문명의 도구 등이 아니다. 근본적인 이유는 죄 때문이다. 죄 때문에 하나님의 형상이 사라지고, 인간의 영혼 속에 하나님의 평화, 하나님의 의가 없어졌다. 하나님의 거룩한 형상이 파괴되었다. 하나님의 영이 떠났다.

그래서 상한 심령을 고치려면 먼저 이 죄를 처리해야 한다. 심리학적인 치료, 상담학적인 위로 등이 필요하지만 반드시 예수 그리스도의 보혈로 죄를 씻어야 한다. 물과 성령으로, 십자가의 은혜로 거듭나야 한다.

창세기 3장 14절에서 "저주"라는 말이 처음 나온다. 하나님께서 하와를 유혹한 뱀을 저주하신다. "여호와 하나님이 뱀에게 이르시되 네가 이렇게 하였으니 네가 모든 가축과 들의 모든 짐승보다 더욱 저주를 받아 배로 다니고 살아 있는 동안 흙을 먹을지니라."

창세기 3장 15절에서 뱀과 여자가 원수가 되고 뱀의 후손도 여자의 후손과 원수가 되게 할 것이라고 했다. 여인의 후손은 뱀의 머리를 상하게 할 것이고 뱀은 그의 발꿈치를 상하게 할 것이라고 했다. 뱀과 여자가 서로 원수가 된다.

범죄 이전에는 에덴동산에서 함께 생활했다. 그러나 이제는 원수가 되었다. 자기들만 원수가 되는 것이 아니라 그 후손들끼리도 원수가 된다. 이 모습 역시 보기에 심히 좋지 않다.

여자에게 해산의 고통이 주어졌다. 수고하고 자식을 낳는다.

여자는 남자를 조종하려 하고 남자는 여자를 다스리려고 한다(창 3:16). 사이좋게 지내는 것이 아니다. 부부관계가 보기에 심히 좋지 않게 되었다. 최초로 부부 사이의 갈등은 바로 에덴동산에서 죄를 범하고부터 시작되었다.

"사람은 평생에 수고하여야 그 소산을 먹으리라."(창 3:17)고 했다. 흙으로 돌아갈 때까지 얼굴에 땀을 흘려야 먹을 것을 얻을 수가 있다. 타락하기 이전에는 하나님께서 지으신 모든 만물을 다스리고 즐겼다. 수고하고 노력하며 땀을 흘릴 필요가 없었다. 그러나 이제는 노동해야 하고 수고해야 한다.

사람에게만 저주가 임한 것이 아니다. 땅도 저주를 받는다. "땅이 네게 가시덤불과 엉겅퀴를 낼 것이라."(창 3:18)고 했다.

더 비극적인 것은 아담과 하와가 에덴동산에서 쫓겨났다(창 3:24). 하나님과 교제할 수 없도록 은혜의 동산에서 추방되었다. 생명나무의 열매를 더 이상 먹을 수 없게 되었다.

요약하면 '하나님께서 보시기에 심히 좋지 않은 상태' 가 되었다. 이것이 바로 타락이다. 타락한 상태가 얼마나 비참하고 처절한지를 바로 이해해야 복음이 얼마나 위대하고 놀라운지를 이해할 수 있다.

하나님께서는 이런 세상을 다시 심히 좋은 상태로 되돌려 놓으려고 하신다. 아담이 타락한 즉시 여인의 후손을 준비하신다(창 3:15). 이 여인의 후손을 통하여 보시기에 심히 좋았던 상태를 회복하려고 하신다. 여인의 후손은 바로 예수 그리스도이시다. 예수 그리스도를 통하여 타락한 인간과 세상을 보시기에 심히 좋은 상태로 회복하신다.

그 과정이 바로 하나님의 구속 역사이다. 다시 말하면 하나님의 구속 역사의 최종 목표는 창세기 1장 31절이다. '보시기에 심히 좋았던 원래 그 모습' 이다.

성경을 읽다가 보면 종종 보기에 심히 좋은 모습들을 만난다. 이스라엘 백성의 삶 속에서나 혹은 교회 공동체 속에서, 어떤 개인의 가정에서 볼 수 있다. 개인의 인격이나 성품 속에서도 발견할 수 있다. 그럴 때마다 '보시기에 심히 좋은 상태' 로 회복시키고 계시는 하나님을 생각해야 한다.

창세기 33장 1절부터 17절에, 야곱과 에서가 만나는 장면이 있다. 에서가 야곱을 죽이기 위해 사백 명의 장정을 거느리고 온다. 두 번씩이나 그를 속인 야곱을 죽이기 위해서다.

그 때 놀라운 일이 벌어진다. 전혀 생각지 못한 이상한 일이 벌어진다. 야곱이 앞서 나가 에서에게 일곱 번 땅에 굽혀 절을 한다(창 33:3). 그러자 에서가 달려와서 그를 맞이하여 목을 어긋맞추어 안고 그와 입을 맞추고 서로 운다(창 33:4). 원수지간이었던 두 형제가 목을 껴안고 입을 맞추며 운다. 물론 하나님께서 두 사람에게 은혜를 주셨기 때문이다.

말하자면 '보시기에 심히 좋은 모습' 이다. 이런 장면을 볼 때 하나님께서 창세기 1장 31절을 이루고 계신다는 것을 생각하고 하나님을 찬양해야 한다. 혹 우리 가운데도 이런 갈등이 있으면 하나님께서 이렇게 회복시켜 주실 것을 믿고 감사해야 한다.

때로는 예언으로 그런 모습을 미리 설명하시기도 한다. 특히 이사야서에 많이 있다. "그 때에 이리가 어린 양과 함께 살며 표범이 어린 염소와 함께 누우며 송아지와 어린 사자와 살진 짐승이 함께 있어 어린 아이에게 끌리며, 암소와 곰이 함께 먹으며 그것들의 새끼가 함께 엎드리며 사자가 소처럼 풀을 먹을 것이며, 젖 먹는 아이가 독사의 구멍에서 장난하며 젖 뗀 어린 아이가 독사의 굴에 손을 넣을 것이라. 내 거룩한 산 모든 곳에서 해 됨도 없고 상함도 없을 것이니 이는 물이 바다를 덮음 같이 여호와를 아는 지식이 세상에 충만할 것임이니라."(사 11:6-9).

"그 때에 맹인의 눈이 밝을 것이며 못 듣는 사람의 귀가 열릴 것이며, 그 때에 저는 자는 사슴 같이 뛸 것이며 말 못하는 자의 혀는 노래하리니 이는 광야에서 물이 솟겠고 사막에서 시내가 흐를 것임이라. 뜨거운 사막이 변하여 못이 될 것이며 메마른 땅이 변하여 원천이 될 것이며 승냥이의 눕던 곳에 풀과 갈대와 부들이 날 것이며, 거기에 대로가 있어 그 길을 거룩한 길이라 일컫는 바 되리니 깨끗하지 못한 자는 지나가지 못하겠고 오직 구속함을 입은 자들을 위하여 있게 될 것이라 우매한 행인은 그 길로 다니지 못할 것이며, 거기에는 사자가 없고 사나운 짐승이 그리로 올라가지 아니하므로 그것을 만나지 못하겠고 오직 구속함을 받은 자만 그리로 행할 것이며, 여호와의 속량함을 받은 자들이 돌아오되 노래하며 시온에 이르러 그들의 머리 위에 영영한 희락을

띠고 기쁨과 즐거움을 얻으리니 슬픔과 탄식이 사라지리로다."
(사 35:5-10).

이 예언들은 예수님께서 오심으로 일차적으로 성취되었다. 예수님께서 소경의 눈을 뜨게 하셨다. 듣지 못하는 자가 듣는 역사가 있었다. 저는 자가 뛰었고 말을 못하는 자가 말을 하였다. 물론 완전한 변화는 예수님께서 재림하실 때 이루어질 것이다.

예수님께서 세상에 오신 목적을 한 마디로 요약하면 창세기 1장 31절을 회복하시기 위해서다. 죄로 인해 왜곡되고 뒤틀린 세상을 보시기에 심히 좋은 상태로 회복시키는 것이다.

예수님께서 오셔서 많은 병자를 치료하셨다. 손 마른 자나 중풍 병자, 앉은뱅이, 눈먼 자, 귀신들린 자 등이다. 이들을 치료하시는 목적은 물론 예수님께서 하나님의 아들이라는 것을 증명하시기 위해서다. 예수님께서 그리스도이심을 나타내시기 위해서다.

그러나 궁극적인 목표는 바로 이 심히 좋은 상태를 회복하시기 위해서이다. 하나님나라에 손 마른 자나 중풍 병자, 앉은뱅이, 눈먼 자, 귀신들린 자가 있으면 보시기에 심히 좋은 상태가 아니다.

질병 치료뿐만 아니다. 한 개인의 인격이 새로워지고 변화되는 것 역시 창세기 1장 31절과 관계가 있다.

사마리아 여인에게서 이런 사실을 발견할 수 있다. 이 여인은 남편을 다섯 번이나 바꾸었다. 그러나 예수님을 믿고 완전히 변화되었다. 주님께서 보시기에 심히 좋은 모습으로 변화되었다.

삭개오도 그렇다. 삭개오는 세리장이다. 당시 세리는 창기와 같이 여겼다. 그런데 삭개오는 단순한 세리 정도가 아니라 세리장이다. 재물을 생명으로 여기고 신으로 삼고 살던 사람이다. 가난한 동족을 착취해서 자기 배만 채우던 나쁜 사람이었다.

하지만 여리고 성에 오신 예수님께서 그를 새롭게 하셨다. 생명 같이 여기던 재물을 스스로 내놓을 만큼 변화시키셨다. 이런 모습을 볼 때 보시기에 심히 좋았다는 말씀을 생각한다.

가나 혼인 잔치에서도 보시기에 심히 좋았더라는 말씀을 이루고 계시는 예수님을 생각할 수 있다. 혼인 잔치에 포도주가 떨어져 잔치가 엉망이 될 뻔 했다. 심히 좋지 않은 상황이 될 뻔 했다. 이런 상황은 타락한 세상에서 자주 만난다. 인간이 하나님을 떠나면서 나타난 특징이다. 말하자면 모자람이요 결핍이다. 보기에 심히 흉하다.

그러나 예수님께서 물로서 포도주를 만들어 그 잔치를 즐겁게 하셨다. 보시기에 심히 좋은 상태로 만드신 것이다. 이런 장면을 볼 때 역시 창세기 1장 31절을 이루고 계시는 하나님을 묵상해야 한다.

예수님께서 자기가 세상을 떠나 아버지께로 돌아가실 때가 이른 줄 아시고 세상에 있는 사람들을 사랑하시되 끝까지 사랑하셨다(요 13:1).

예수님은 제자들에게 새 계명을 주셨다. "서로 사랑하라" 이다. 주님께서 제자들을 사랑하신 것 같이 서로 사랑하는 것이다.

너희가 서로 사랑하면 이로서 모든 사람이 너희가 내 제자인 것을 알리라고 하셨다(요13:24-35).

예수님께서 새 계명을 주신 궁극적인 목적이 무엇일까? 그것은 바로 교회 속에서 '보시기에 심히 좋은 그 모습'을 이루시기 위해서이다. 교회를 화목하고 기쁨이 넘치는 에덴동산으로 만들기 위해서다.

교회 안에서 성도들이 서로 사랑하는 것보다 더 보기 좋은 것이 또 있을까? 없다. 결코 없다. 남을 나보다 더 귀하게 여기고 주님께서 우리를 사랑하신 것 같이 서로 사랑하는 것이 가장 아름답다. 보기에 가장 좋다.

그래서 시편 기자도 "형제가 서로 연합하여 동거하는 것이 어찌 그리 선하고 아름다운고, 머리에 있는 보배로운 기름이 수염 곧 아론의 수염에 흘러서 그의 옷깃까지 내림 같고, 헐몬의 이슬이 시온의 산들에 내림 같도다. 거기서 여호와께서 복을 주셨으니 곧 영생이로다."(시 133:1-3)라고 했다.

새 계명을 실천하는 것은 말처럼 쉬운 것이 아니다. 열 두 제자들도 지키지 못했다. 오직 성령님의 능력으로만 가능하다. 인간의 의지나 노력으로는 실현이 불가능하다. 성령님께서 임하셔서 가능하게 하신다. 그러므로 성령의 능력 안에서 서로 사랑하면 보시기에 심히 좋은 상태가 된다.

보시기에 심히 좋은 모습은 예수 그리스도의 부활에서 온전히 성취된다. 예수님의 부활은 한마디로 말하면 재창조다. 죄악의 역사를 완전히 단절시키고 새 역사를 다시 시작하는 인류 최대의 사건이다. 죄로 오염된 세상을 창세기 1장으로 되돌려 놓는 역사의 대 전환이다. "보시기에 심히 좋았더라."가 성취되었다. 물론 법적으로다.

부활하신 예수님의 몸에서도 "보시기에 심히 좋았더라."가 성취되었다. 가시관을 쓰신 자국이나 손의 못 자국, 옆구리의 창 자국 등이 완전히 없어졌다. 특이한 몸이 되셨다. 부활하신 예수님은 시공간을 초월해서 활동하셨다. 닫힌 문으로 들어오셨다(요 20:19). 제자들과 생활하시다가 홀연히 떠나셨다(눅 24:31). 천사와 같은 모습으로 부활하셨다. 그야말로 보시기에 심히 좋은 상태다.

이 모습은 바로 그리스도인들이 장차 누릴 모습이기도 하다. 그래서 사도 바울은 이렇게 찬양했다. "죽은 자의 부활도 그와 같으니 썩을 것으로 심고 썩지 않을 것으로 다시 살아나며, 욕된 것으로 심고 영광스러운 것으로 다시 살아나며, 약한 것으로 심고 강한 것으로 다시 살아나며, 육의 몸으로 심고 신령한 몸으로 다시 살아난다."(고전 15:42-44)고 했다. 보시기에 심히 좋은 모습이 될 것이라는 의미이다.

예수님께서 부활하신 후 제자들에게 제일 먼저 부탁한 말씀이 있다. 성령을 받으라고 하셨다. 그것도 아주 강조하셨다. 숨을 내시면서 성령을 받으라고 하셨다(요 20:21).

이런 예수님의 모습이 약간 유치하게 보인다. 그냥 말씀으로만

하셔도 된다. 그런데 어린 아이들에게나 하는 그런 모습을 하시면서 성령을 받으라고 하셨다.

이것은 무엇을 의미하는가? 강조를 의미한다. 성령님은 받아도 되고 받지 않아도 되는 그런 일이 아니라는 것을 말한다. 반드시 받아야 한다는 것을 의미한다.

예수님의 이런 모습에서 그 사실을 간접적으로 발견할 수 있다. 이렇게 성령을 받으라고 강조하는 목적이 무엇일까? 그것은 역시 창세기 1장 31절을 온전히 성취하기 위해서다. 곧 교회가 보시기에 심히 좋은 모습이 되도록 하기 위해서다.

오순절에 임하신 성령님은 예루살렘 신앙공동체 즉 교회를 세우셨다. 교회 속에 임하여 계시면서 "보시기에 심히 좋았더라."는 말씀을 이루고 계신다. 믿는 사람이 다 함께 생활한다. 공동체 생활을 한다. 모든 물건을 서로 통용한다. 자기 것이라고 주장하지 않는다. 타락의 핵심은 자기주장이다. 그런데 성령님께서 사람들이 자기주장을 조금도 못하게 하셨다.

재산과 소유를 팔아 각 사람의 필요를 따라 나눠준다. 탐욕이 극복되었다. 탐욕은 사탄의 전유물이다. 타락한 본성의 특징이 바로 탐욕이다. 그런데 성령님께서 그 고약한 탐욕을 처리하셨다. 날마다 마음을 같이 하여 성전에 모이기를 힘쓴다. 기쁨과 순전한 마음으로 음식을 먹는다. 하나님을 찬미한다. 온 백성들에게 칭찬을 받는다. 그러자 주께서 구원받는 사람들을 날마다 더하게 하신다(행 2:43-47).

이 모습은 바로 에덴동산의 재현이다. 장차 임할 천국을 미리 보는 것이다. 성령님께서 보시기에 심히 좋았더라는 말씀을 이루신 것이다.

보시기에 심히 좋았더라는 이 말씀이 완전히 성취된 모습이 요한계시록에 있다. "또 내가 새 하늘과 새 땅을 보니 처음 하늘과 처음 땅이 없어졌고 바다도 다시 있지 않더라. 또 내가 보매 거룩한 성 새 예루살렘이 하나님께로부터 하늘에서 내려오니 그 준비한 것이 신부가 남편을 위하여 단장한 것 같더라. 내가 들으니 보좌에서 큰 음성이 나서 이르되 보라 하나님의 장막이 사람들과 함께 있으매 하나님이 그들과 함께 계시리니 그들은 하나님의 백성이 되고 하나님은 친히 그들과 함께 계셔서, 모든 눈물을 그 눈에서 닦아 주시니 다시는 사망이 없고 애통하는 것이나 곡하는 것이나 아픈 것이 다시 있지 아니하리니 처음 것들이 다 지나갔음 이러라. 보좌에 앉으신 이가 이르시되 보라 내가 만물을 새롭게 하노라 하시고 또 이르시되 이 말은 신실하고 참되니 기록하라 하시고, 또 내게 말씀하시되 이루었도다. 나는 알파와 오메가요 처음과 마지막이라 내가 생명수 샘물을 목마른 자에게 값없이 주리니, 이기는 자는 이것들을 상속으로 받으리라 나는 그의 하나님이 되고 그는 내 아들이 되리라."(계 21:1-7).

요한이 본 새 하늘 새 땅은 타락한 이 세상과 극명하게 대비된다. 보기에 심히 좋다. 하나님께서 처음 창조하신 그 하늘과 그 땅과 같다. 하나님께서 그들과 함께 계시고 그들은 하나님의 백성이 되어 있다.

하나님이 두려워서 얼굴을 피하거나 숨는 일이 없다. 애통하는 것이나 곡하는 것이나 아픈 것이 다시없다. 하나님께서 친히 만물을 새롭게 하셨다. 예수 그리스도로 말미암아 완전히 회복하셨다.

또 "이루었도다."(계 21:6)라고 말씀하셨다. 무엇을 이루었다는 말씀일까? 예수 그리스도를 통해서 보시기에 심히 좋도록 만드는 그 일을 다 이루셨다는 의미다. 죄로 인해 보시기에 심히 좋지 않던 이 세상을 보시기에 심히 좋았던 그 모습으로 다시 회복하셨다는 뜻이다. 더 이상 흠과 티나 주름진 곳이 없이 완전하게 되었고, 하나님의 구속역사를 다 이루었다는 의미이다. 할렐루야!

예수 그리스도께서 사탄을 물리치시는 사건은 창세기 3장 15절의 성취이다.

마태복음 4장 1절부터 11절에 보면 마귀가 예수님을 시험한다. 그러나 예수님께서 "사탄아 물러가라" 고 하심으로 물리치신다.

이 사건은 창세기 3장 15절, "여인의 후손은 네 머리를 상하게 하고 너는 그의 발꿈치를 상하게 할 것이라."는 말씀의 성취이다.

대부분의 사람들은 이 본문을 교훈적으로 읽는다. 즉 마귀가 우리를 어떻게 시험하는가? 먹는 문제인 떡으로 유혹한다. 인간에게 가장 기본적인 유혹이다. 혹은 명예로 유혹한다. 권세로 유혹한다는 등의 교훈적인 주제를 중심으로 성경을 읽는다.

설교 역시 그렇게 한다. 이렇게 읽고 설교하기는 아주 쉽다. 누구라도 그렇게 할 수 있다. 혹 다른 종교에서도 그런 식으로 할 수 있을 것이다. 왜냐하면 그런 일은 신자나 불신자에게 공통적인 관심사이기 때문이다.

이러한 접근이 완전히 틀린 것은 아니니다. 이 본문이 주고자 하는 교훈 중에 그런 의미가 분명히 있다. 사탄이 어떻게 하나님의 백성들을 공격하는지 이 본문에 잘 설명되어 있다. 이런 본문을 통하여 사탄이 성도를 넘어뜨리는 방법을 아는 것은 아주 중요하다.

그러나 이 사건은 성경신학적인 의미가 있다. 예수님께서 그리스도로서 첫 번째 하신 일이 무엇인지를 설명한다. 즉 창세기 3장 15절의 말씀을 성취하셨다는 것이다. 그래서 복음서 기자들은 이 일을 주님께서 세례를 받으신 장면 뒤에 기록하고 있다.

창세기 3장 15절에 여인의 후손인 그리스도께서 와서 뱀의 머리를 상하게 할 것이라고 했다. 뱀의 머리를 상하게 한다는 말은 사탄의 능력을 무기력하게 한다는 의미다. 머리가 모든 신체를 조종한다. 그런데 그 머리가 상하면 아무 일도 할 수 없다. 사탄은 이 사건을 통하여 그의 머리가 상하여졌다.

그럼 예수님께서 어떻게 그 머리를 상하게 하셨느냐 할 때? 사탄에게 유혹 당하지 않으시므로 상하게 하셨다. 사탄의 시험을 이기심으로 그의 능력을 무기력하게 하셨다. "사탄아 물러가라"

(마 4:10)고 호통을 치심으로 무력하게 하셨다.

첫 사람 아담이 마귀로부터 이런 시험을 당했다. 아담은 결국 그 시험에 져서 사탄의 종이 되었다. 아담 자신뿐 아니라 아담 안에 있는 모든 사람이 종이 되었다. 아담이라는 말은 '사람'이라는 말이다. 아담이 마귀의 종이 되었다는 것은 모든 '사람'이 마귀의 종이 되었다는 것을 의미한다. 그래서 로마서 5장 12절에서는 "이러므로 한 사람으로 말미암아 죄가 세상에 들어오고 죄로 말미암아 사망이 왔나니"라고 했다.

마지막 아담으로 오신 주님께서 마귀의 시험을 이기신다. 첫 번째 아담은 마귀의 시험에 넘어갔지만 마지막 아담이신 예수님께서는 마귀의 시험을 물리치시고 이기신다. 그 결과 사탄에게 종노릇 하던 사람들을 구원하신다.

예수님께서 그의 구속 사역에서 단계 단계로 사탄을 무력하게 하신다. 이 사건은 예수님께서 사탄을 무력하게 하신 첫 번째 사건이다. 다음은 십자가와 부활에서 사탄을 무력하게 만드신다.

사탄은 죄를 짓게 하고, 죄를 지으면 죄책감을 주어 사람을 괴롭힌다. 죄의 삯인 죽음의 공포로 성도들을 괴롭히는 것이다. 하지만 그리스도께서 십자가에서 죽으시고 부활하심으로 그 죽음의 권세를 무력화 시키셨다. 그래서 사탄은 더 이상 죽음으로 성도를 위협하지 못한다. 부활을 믿는 성도 역시 더 이상 죽음을 두려워하지 않는다.

출애굽 사건을 읽을 때 예수 그리스도를 통해서 이루시는 하나님의 구원을 생각한다.

이스라엘 백성들이 애굽에서 사백삼십 년간의 종살이를 끝내고 해방되었다. 꿈에 그리던 약속의 땅 가나안을 향하여 간다. 장정만 약 60만이다. 여자들과 어린이들을 포함하면 약 200만이 족히 넘는다.

70여 명으로 시작한 야곱의 자손이 이렇게 많아졌다. 양이며 염소며 소와 나귀 떼로 큰 무리를 이루었다. 번성하여 땅에 충만하라고 하신 창세기 1장 28절을 하나님께서 신실히 이루신 결과다.

그들이 숙곳을 떠나서 광야 끝 에담에 장막을 쳤다. 여호와께서 그들 앞서 가시며 낮에는 구름 기둥으로 그들의 길을 인도하신다. 밤에는 불기둥을 그들에게 비추어 낮이나 밤이나 진행하게 하신다. 그러므로 낮에는 구름 기둥이, 밤에는 불기둥이 백성 앞에서 떠나지 않았다.

그러나 해방의 기쁨도 잠시다. 바로 왕의 군대가 추격해 왔다. 앞에는 홍해가 가로놓여 있다. 말 그대로 진퇴양난이다. 그 때 하나님께서 모세에게 말씀하시고 모세가 그 말씀을 백성에게 전한다. "너희는 두려워 말고 가만히 서서 여호와께서 오늘날 너희를 위하여 행하시는 구원을 보라"(출14:13)고 했다. 출애굽기 14장 14절에서 "여호와께서 너희를 위하여 싸우시리니 너희는 가만히 있을지니라." 고 했다.

모세가 바다 위로 손을 내밀었다. 여호와께서 큰 동풍으로 밤새도록 바닷물을 물러가게 하셨다. 그러자 물이 갈라져 바다가 마른 땅이 되고 그들의 좌우에 벽이 되었다. 이스라엘 백성들이 바다 가운데를 육지와 같이 걸어갔다. 그러나 그들의 뒤를 따라 바다에 들어간 바로의 군대는 물이 다시 흘러 병거들과 기병들을 다 덮었다. 한 사람도 살아남지 못했다.

이스라엘 백성들은 놀라운 방법으로 홍해를 건넜다. 그들의 지혜나 전략으로 건넌 것이 아니라 하나님의 방법으로 건넜다. 상상하지도 못한 방법이었고, 한 번도 경험하지 못한 방법이었다. 간단하고 명료한 방법이었다. 하나님만이 하실 수 있는 그런 놀라운 방법으로 하셨다. 그들의 노력이나, 그들의 힘으로 건넌 것이 아니라 오직 하나님의 은혜로 건넜다. 하나님께서 그의 방법으로 하나님 자신이 하셨다. 이스라엘 백성들은 전혀 한 일이 없다.

이 출애굽 사건은 구원에 관한 중요한 원리를 설명한다. 복음을 설명한다. 구원은 오직 하나님께 속한 것이라는 사실을 교훈한다. 이것이 바로 복음의 핵심이다.

그렇다. 구원은 하나님께서 하시는 일이다(욘 2:9). 주체가 삼위일체 하나님이시다. 인간이 아니다. 허물과 죄로 죽은 인간은 자신의 구원을 위해서 아무것도 할 수 없다. 가만히 서서 하나님께서 이루시는 구속역사를 보면 된다. 감사하면 된다.

하나님께서 우리의 영혼도 이런 원리로 구원하셨다. 우리의 지혜나 우리의 노력을 동원하시지 않고, 하나님의 방법으로 하나님께서 친히 다 하셨다.

그 방법이 어떤 방법이었느냐 할 때? 십자가라는 방법이다. 그 아들을 세상에 보내셔서, 그를 속죄 제물로 삼으심으로 구원하셨다. 그래서 로마서 5장 8절에서 "우리가 아직 죄인 되었을 때에 그리스도께서 우리를 위하여 죽으심으로 하나님께서 우리에게 대한 자기의 사랑을 확증하셨느니라."고 했다.

우리가 한 일은 아무것도 없다. "너희가 그 은혜를 인하여 믿음으로 말미암아 구원을 받았나니 이것이 너희에게서 난 것이 아니요 하나님의 선물이라."(엡 2:8-9)고 했다.

영혼 구원뿐만 아니다. 세상에서 만나는 모든 문제들도 이런 방법으로 해결해 주신다. 상상하지도 못하는 방법으로, 놀라운 방법으로 해결해주신다.

출애굽한 이스라엘 백성들은 결과적으로 세 가지 면에 변화가 있었다.

첫째는 신분의 변화다. 바로의 종에서 영광스러운 하나님 나라의 백성으로, 하나님의 자녀로 변화되었다.

두 번째는 통치에 변화가 있었다. 바로의 통치에서 모세의 통치로, 사탄의 통치에서 하나님의 통치로 변화 되었다.

세 번째는 영역의 변화가 있었다. 애굽 땅에서 가나안 땅으로 변화되었다.

우리 모두도 그리스도 예수님 안에서 이렇게 변화되었다.

첫째는 죄의 종에서 하나님의 자녀로 신분이 바뀌었다. 사탄의 종에서 그리스도의 제자로 신분이 변했다.

두 번째는 사탄의 권세에서 하나님의 의로운 통치로 통치자가 변했다. 전능하신 하나님의 다스림 속으로 들어왔다.

세 번째는 죄악 된 세상에서 그리스도의 몸 된 교회로 영역이 변화되었다. 그래서 사도행전 26장 18절에서 "어두움에서 빛으로 사탄의 권세에서 하나님께로 돌아가게 하고 죄 사함과 나를 믿어 거룩케 된 무리 가운데서 기업을 얻게 하리라."고 했다.

우리는 원래 죄의 종이요 사탄의 종이였다. 본질상 진노의 자녀이었다. 그런데 주님께서 값을 치르시고 구속하셨다. 십자가의 죽음으로 값을 치르시고 구속하셨다. 그래서 이제는 성령님께서 우리를 인도해주신다. 이전에는 공중 권세 잡은 자에게 끌려 다녔다(엡 2:2). 그러나 이제는 인도자가 바뀌었다.

미래도 바뀌었다. 지옥 가는 미래에서 영생 얻는 미래로 변화되었다. 유산도 바뀌었다. 그리스도 밖에서는 조상으로부터 우상숭배라는 저주의 영적 유산을 받았다. 그러나 이제는 거룩한 유산, 복된 유산을 받았다. 신앙을 유산으로 받았다. 복음을 기업으로 받았다.

이스라엘 백성들이 홍해를 건너는 이 사건은 두 가지 중요한 의미가 있다.

첫째는 애굽에서의 옛 이스라엘이 영적으로 죽는다는 의미가 있다. 종이었고 노예였던 옛 이스라엘이 홍해에 들어가서 죽고, 수치스러웠던 과거의 신분이 죽고, 애굽에서의 모든 옛 습성이나 풍습이나 생각이 죽는다는 것이다.

두 번째는 다시 새로운 이스라엘로 나온다는 의미가 있다. 아브라함의 언약 안에 있는 새 이스라엘, 애굽 이전의 이스라엘로, 새로운 이스라엘로 다시 나온다는 의미다. 말하자면 홍해 안에서 죽고 홍해 밖에서 부활의 이스라엘로 다시 산다는 것이다. 그래서 바울은 이를 두고 모세 안에서 세례를 받는다고 했다(고전 10:2).

우리 모두도 성령님 안에서 이런 구원을 누리고 있다. 우리 옛 사람이 그리스도 예수님과 함께 십자가에서 죽고, 그리스도 예수님과 함께 새 사람으로 다시 살았다(엡 2:5). 이스라엘이 모세와 함께 죽고 모세와 함께 살아났듯이, 우리 모두도 그리스도와 함께 죽고 그리스도와 함께 다시 살아났다. 심지어 그리스도 예수 안에서 함께 하늘에까지 앉히신바 되었다(엡 2:6). 이 얼마나 황홀한 구원이냐!

출애굽 사건은 우리가 죄와 사망에서 구원받는 원리를 설명한다. 그러므로 이 사건을 대할 때 마다 반드시 예수님 안에서 구원받는 원리를 생각하고 묵상해야한다.

하나님께서 이스라엘 백성들의 정체성을 확인하실 때마다 출애굽한 사실을 언급하신다. 중요한 명령을 하실 때도 먼저 출애굽한 사실을 말씀하신다(출 20:2). 그러므로 우리 역시 출애굽 사건을 볼 때마다 하나님께서 우리를 구원하신 크신 은혜를 기억해야 한다.

출애굽은 우리에게 예수 그리스도의 십자가와 부활을 통하여 우리를 구원하신 하나님의 구원을 생각하게 하는 중요한 사건이다.

"세상에서는 너희가 환난을 당하나 담대하라 내가 세상을 이기었노라 하시니라."(요 16:33).
"그러나 이 모든 일에 우리를 사랑하시는 이로 말미암아 우리가 넉넉히 이기느니라." (롬 8:37).

15

삼위 하나님 중심으로 성경읽기의 유익

첫째, 삼위 하나님에 대해서 구체적으로 알게 된다.

하나님의 속성과 본질을 깊이 알게 된다. 약속을 신실히 이루어 가시는 하나님의 신실하심과 그의 성품을 공부할 수 있다.

하나님은 영이시기 때문에 성령님으로 기록된 성경을 통해서만 바로 알 수 있다. 그런데 인물 중심으로 읽으면 그 인물에 대해서는 많이 알 수 있을지 모르지만 하나님에 대해서는 알 수 없다.

하나님께서 우리에게 성경을 주신 제일 목적은 삼위일체 하나님 자신을 우리에게 소개하시기 위함이다. 삼위일체 하나님께서 이루어 가시는 구속역사의 멋진 장면을 보여주시기 위해서다.

두 번째, 삼위 하나님의 일하시는 모습을 발견할 수 있다.

뜻을 하늘에서 이룬 것 같이 땅에서도 이루어 가시는 우리 하나님의 멋진 구속사역을 볼 수 있다. 인간 구원을 위해서 애쓰시는 삼위 하나님의 열심을 볼 수 있다.

홍해를 가르시고 여리고 성을 무너뜨려서 세상 왕들을 이기시는 하나님의 지혜를 깨닫게 된다. 대적들을 물리치시는 우리 주 예수 그리스도의 멋진 승리를 맛 볼 수 있다.

세 번째, 우리의 사고구조가 하나님 중심의 사고구조로 바꾸어진다.

어떤 사건을 총체적으로 파악하는 능력이 생긴다. 섭리 적으로 생각하는 습관이 형성된다. 무슨 일에서든지 먼저 하나님의 뜻을 생각하고 그 뜻을 파악하려는 신본주의 인격이 자연스럽게 형성된다. 과거와 현재와 미래를 연결해서 생각하는 통합적인 역사관이 형성된다.

세상에서 배우는 학문들은 사람들을 다분히 개인적이며 과학적이며 분석적이 되도록 한다. 인간 중심적인 사고를 갖도록 한다. 단편적인 인격의 사람이 되도록 한다. 이러한 사고 체계로는 삼위일체 하나님의 진리를 깊이 있게 이해할 수 없다. 영적 세계인 하나님 나라를 풍성히 이해할 수 없다.

유대인들은 어릴 때부터 성경을 읽고 배운다. 성경에 나오는 여러 가지 제도들과 절기들을 지키면서 성장한다. 이로 인해 유대인들의 사고 구조는 하나님 중심으로 발달되었다.

그들은 우리가 이해하기 힘든 성경의 내용들을 쉽게 이해한다. 아담 안에서 모든 사람이 죄인이 되었다는 것을 의심 없이 믿는다.

과거, 현재, 미래를 나누지 않는다. 하나의 시간 개념으로 생각한다. 전체적으로 생각한다. 그들은 지금도 자신을 소개할 때 '출애굽한 자' 라고 한다. 마치 자신이 출애굽 할 때 있었던 것처럼 말한다.

'우리' 라는 공동체 의식도 발달되어 있다. 유대인들은 어디에 살고 있어도 항상 '하나' 라는 의식을 가지고 산다. 그래서 그들의 언어 표현에는 '함께' 라는 말이 많다.

성경을 많이 읽어야 한다. 성경을 많이 읽으면 영혼이 튼튼해진다. 건강해진다. 하나님의 말씀을 잘 이해할 수 있다. 하나님과 그의 말씀을 의심 없이 신뢰한다. 하나님의 말씀에 순종하며 하나님의 계획에 일치된 생활을 한다. 성령의 권능을 받아 능력 있게 생활한다. 많이 읽다 보면 신구약 성경의 관계를 파악하게 된다. 구약의 내용이 신약에서 이해되는 은혜를 경험하게 된다.

많이 읽되 가능한 삼위일체 하나님 중심으로 읽어야 한다. 인물 중심이 아니라 하나님 중심이다. 이렇게 읽으면 삼위 하나님을 더 많이 알 수 있다. 하나님의 멋진 구속사를 자연스럽게 알게 된다. 자신도 모르는 사이에 삼위일체 하나님에 대한 믿음이 자라간다. 하나님의 뜻을 잘 분별할 수 있다. 응답받는 기도 생활을 한다. 성령님의 인도를 잘 받을 수 있다. 매사를 지혜롭게 판단한다. 다른 사람들을 효과적으로 그리스도에게로 인도 할 수 있다. 전도의 열매가 있다. 인격 속에 성령의 열매가 주렁주렁 맺힌다. 자기중심이 아니라 그리스도 중심의 생활을 하게 된다. 세상 살기가 재미있다.

제발 성경을 이렇게 읽어라

■
초판 1쇄 인쇄 / 2018년 10월 10일
초판 1쇄 발행 / 2018년 10월 15일

■
지은이/박 혁 식
펴낸이/김 수 관
펴낸곳/도서출판 영문
122-070 서울시 은평구 역촌동 10-82
☏ (02)357-8585
FAX • (02)382-4411
E-mail • kskym49@hanmail.net

■
출판등록번호/제 03-01016호
출판등록일/1997. 7. 24

정가 7,000원
ISBN 978-89-8487-340-7 03230
Printed in Korea

저자 연락처 : H.P. 010-3580-4732
Tel. 070-8252-4732
e-mail: parkworld57@naver.com